韓國의 漢詩 40

朝鮮時代 僧侶 漢詩選

한국의 한시 40

조선시대 승려 한시선

허경진 옮김

평민사

머리말

스님들이 지은 시를 흔히 선시(禪詩)라고 하는데, 선시에는 불가의 깊은 뜻이 담겨 있다. 불심이 깊은 독자일수록 더욱 깊은 뜻을 읽어내고, 깊은 깨달음을 전수받는다. 도를 깊이 깨우친 스님일수록, 더욱 오묘한 선시를 지었다. 함축적인 말 한마디 한마디가 바로 시가 되었던 것이다. 일부러 시를 지으려고 하지 않아도, 그 말이나 가르침이 결국은 시의 형태로 많이 전해지게 되었다. 그러나 어찌 스님들이 선시만 썼으랴. 이 책의 제목을 선시(禪詩)라 하지 않고《승려 한시선》이라 한 까닭은 스님들이 지은 여러 세계의 시를 보여주려고 하였기 때문이다.

고려시대에는 불교가 국교로 정해져 훌륭한 스님들도 많이 나왔고, 많은 가르침을 남기기도 하였다. 교의적으로만이 아니라 문학적으로도 깊은 맛이 있었다. 그러나 스님들이 처음부터 애써 글을 지어 남기려 한 것은 아니었고, 그나마 시대가 오래 되다보니 많이 없어졌다. 그래서 고려시대 스님들의 말이나 글은 별로 남지 않게 되었고, 문집이 아니라 대부분 어록의 형태로 남게 되었다.

이에 비하면 조선시대 스님들의 시는 많이 남아 있는 셈이다. 사회적으로는 불교를 배척하고 스님들을 탄압하는 분위기였지만, 덕이 높은 스님들은 유가의 사대부들과도 깊이 사귀었으며 시를 주고받았다. 불가의 벗이나 제자들에게 주는 시와는 달리, 사대부 시의 분위기를 그대로 보여주는 시도 많았다. 그러다 보니 수백 편의 시를 남긴 스님들도 많았으며, 본격적인 문집을 남기게 된 것이다.

조선시대에 문집을 남긴 스님들은 수십 명이나 되었으므로, 그들의 시를 이 한 권의 책에서 다 소개할 수는 없었다. 그래서 당대 사회에서 커다란 비중을 지녔던 스님들만 고르다 보니, 조선불교의 중흥에 앞장섰던 보우와 임진왜란이 일어났을 때에 호국불교의 실천을 보여주었던 서산대사와 사명당, 그리고 그 문하의 제자들로 한정하게 되었다. 그러다 보니 교의적 의미보다는 사회적 의미를 지닌 시도 많이 고르게 되었으며, 사대부들과 주고받은 시들도 많이 싣게 되었다. 흔히 말하는 선시집(禪詩集)과는 다른 분위기의 시선이 된 셈이다.

어록은 글자 그대로 말의 기록이다. 처음부터 문학의 범주로 생각하고 말한 것은 아니다. 불가의 설법을 법문이라 하지 않고 법어라고 하는 것이나 마찬가지이다. 선(禪)도 불립문자(不立文字)라고 했으며, 꼭 표현해야 한다면 가장 간결하고 쉬운 말로 표현하였다. 그 말들을 모은 것이 바로 어록이 되었으며, 그 안에 시의 형태도 들어 있었다. 간결한 말일수록 함축된 의미가 많아 번역하기는 더 힘들어진다. 그래서 무언가 깊은 느낌이 와닿으면서도 감히 번역하지 못한 시들이 많아 아쉬웠다.

이 시선에 실린 시들은 모두 동국대학교 출판부에서 편집하여 펴낸《한국불교전서》에서 골라낸 것들이다. 우리 나라 스님들의 글을 모두 모아준 이 전서가 없었으면 이런 작업을 꿈꾸지도 못하였을 것이다. 매월당 김시습의 시는 한국의 한시 4번에 한 권으로 묶여졌기에, 이번 작업에서는 제외하였다. 원문을 입력하고 거의 다 번역했다가도 끝내 한두 글자가 풀어지지 않아 결국 삭제해버린 시가 이 시선에 실린 시만큼이나 많았음을 밝혀 둔다.

— 1997년 5월
허경진

차례

허응당(虛應堂) 보우(普雨)

서산대사 휴정(休靜)

정관대사(靜觀大師) 일선(一禪)

사명당(四溟堂) 유정(惟政)

소요당(逍遙堂) 태능(太能)

중관대사(中觀大師) 해안(海眼)

편양당(鞭羊堂) 언기(彦機)

초의선사(艸衣禪師) 의순(意恂)

부록

함허당(涵虛堂) 기화(己和)

함허당(1376-1433)의 이름은 기화이고, 호는 득통(得通)이며, 함허는 그의 당호(堂號)이다. 속성은 유씨(劉氏)다. 세종 2년(1420) 가을에 오대산에 들어가 여러 부처에게 공양드리고, 영감암에 가서 나옹화상 영정에 공양드리며 이틀 밤을 지냈는데, 꿈에 신령스런 스님이 나타나 이름과 호를 주었다고 한다. 그는 다음날 월정사로 내려와, 그곳에서 불도를 닦으며 평생을 마쳤다.

스님은 원래 어렸을 때부터 유학을 배워 성균관에서 공부하다가, 21세에 출가하였다. 다음해 태조 6년(1397)에 무학대사에게 법요(法要)를 듣고, 태종 14년(1414)에 연허사 함허당에서 3년 동안 불도를 닦았다. 그뒤 희양산 봉암사에 있다가, 월정사로 옮겼다.

현재 《함허당득통화상어록(涵虛堂得通和尙語錄)》·《대방광원각수다라요의경설의(大方廣圓覺修多羅了義經說誼)》 3권·《금강반야바라밀경오가해설의(金剛般若波羅蜜經五家解說誼)》 2권·《현정론(顯正論)》 1권·《유석질의론(儒釋質疑論)》 상·하권 등이 전한다.《함허어록》에 문 29편과 시 88편 110수가 실려 있다.

朝鮮時代 僧侶 漢詩選

신륵사에 노닐며 나옹화상을 생각하다

遊神勒 二首

1

여러 산이 까마득한 가운데 한줄기 강물이 깊은데
온갖 나무 숲속에 전각이 솟아 있네
강 달 밑에 강월헌이 밝게 비치니
강월헌의 옛마음을 비로소 알겠네

衆山迢遞一江深。　　殿閣崢嶸萬樹林。
江月軒明江月下、　　始知江月昔年心。

■

* 신륵사 강월헌에서 지은 시인데, 강월헌은 절 바로 앞 남한강 언덕에 있는 정자이다. 이 정자에서 내려다보면 강에 달이 비치는데, 나옹화상이 이곳에 머물며 강월헌을 자신의 당호로 삼았다.

나옹화상의 시자 각우에게 야운(野雲)이라는 호를 주다

贈懶翁侍者覺牛號野雲

강월헌 앞 강에 달이 밝고
야운당 위에는 들구름이 한가롭네
구름빛과 달빛이 어울려 비친 곳에
방 한 칸이 허공을 안으니 몸이 절로 편안해라

江月軒前江月白、　野雲堂上野雲閑。
雲光月色交輝處、　一室含虛體自安。

희양산에 살면서

擬曦陽山居

산 깊고 숲 우거져 숨어 살기 알맞은데다
고요한 지경에 사람마저 드물어 흥이 남아도네
여기서 청정한 의미를 맘껏 배불리니
나와 세상을 다 잊고서 저절로 한가로워라

山深木密合幽居。　境靜人稀興有餘。
飽得箇中淸意味、　頓亡身世自容與。

관음사에서 울며 배웅하는 연화와 해신에게

觀音寺緣化海信者請留款款而不得臨岐泣送以詩贈之

1

세 봉우리가 둘린 곳에서 나를 보내며
한줄기 시냇물에다 헤어지는 눈물을 보태네
산의 정령에게 부탁하노니 이 눈물을 거둬주소
세상과 더불어 끝날 수 없는 청허한 마음의 빈 액체를

三峯列處送征顔、　一帶磎流添別淚。
寄語山精收此淚、　淸心虛液世難際。

2

갈림길에서 소매 잡고 눈물을 뿌리건만
불법이야 어찌 사랑과 인연에 끌리랴
흐르는 시냇물이 나를 재촉하며 보낸다고 한탄하지 말게나
외로운 구름은 아무것에도 구애받지 않는다네

臨岐携袖淚潸然。　爲法何曾滯愛緣。
莫恨溪流催送我、　孤雲無物得拘牽。

■

* 원 제목이 길다. 〈관음사의 연화와 해신이 더 머물라고 간곡하게 부탁하였지만, 머물 수가 없었다. 그러자 갈림길에서 울며 배웅하기에 시를 지어서 주다.〉

청헌자와 헤어지느라고 양계를 지나는 것도 깨닫지 못하다

因別晴軒子不覺過羊溪

흐르는 물을 따라 그대와 산을 나섰다가
날 저물어 둥지로 돌아가는 새를 따라오게 되었네
백련사에서 세 사람이 웃던 모습을 생각하노니[1)]
방황하면서도 이 한 몸이 한가로운 것에 만족한다네

君隨流水出山去、　我逐尋巢莫鳥還。
因憶白蓮三笑態、　彷徨自足一身閑。

■

1) 강서성 구강현에 여산이 있고, 그 안에 동림사(東林寺)가 있다. 그 밑에 호계(虎溪)가 흐르는데, 동림사에 있던 고승 혜원법사(慧遠法師)가 손님을 배웅할 때에 한 번도 호계를 지나지 않았다. 만약 호계를 지나면 범이 울부짖었다. 하루는 법사가 선비 도연명, 도사 육수정과 함께 이야기하다가 자기도 모르는 사이에 호계를 지났다. 범이 울부짖는 소리를 듣고서야 호계를 넘어선 줄 깨닫고, 세 사람이 크게 웃었다. 여러 화가와 문인들이 이 모습을 그려 〈호계삼소도(虎溪三笑圖)〉를 남겼다. 그러나 육수정이 혜원법사보다 백여 년 뒤에 태어났다는 기록도 있어, 꼭 믿을 수 있는 이야기는 아니다. 함허당이 머물던 절의 양계를 백련사의 호계에 견주어서 혜원법사의 삼소(三笑)를 빌려다 쓴 것이다.

강가에서
江上

강가 어느 집에선가 피리소리가 들려오는데
달빛은 물결에 비치고 사람 자취는 끊겼네
이 몸이 여기 온 것이 얼마나 다행스러운지
뱃전에 외로이 기대어 푸른 하늘을 쳐다보네

聲來江上誰家笛。　　月照波心人絶跡。
何幸此身今到此、　　倚船孤坐望虛碧。

길을 가다가

途中作

구룡산 아래 한줄기 길이 뻗어
끝없는 봄빛이 눈앞에 환하네
산그림자 속에 흰 꽃 붉은 꽃이 피었는데
가고 가면서 땅도 보고 하늘도 보네

九龍山下一條路、　　無限春光煥目前。
紅白花開山影裡、　　行行觀地復觀天。

느낌이 있어
有感

여기저기서 절간 허문다는 소식을 듣고
두 눈에서 하염없이 눈물이 흐르네
우리들 덕 없음이 부끄러울 뿐이니
합장하여 정성 기울이며 하늘에 아뢸 수밖에

聞說諸方壞佛廟、　無端兩眼淚潸然。
但慙我輩都無德、　合掌傾誠敢告天。

스님을 다비에 부치면서
下火

팔십여 년 꿈 속에 살았던 몸이
오늘 아침 껍질 벗어 자취도 없어지네
어버이께 받은 몸을 불 속에[1] 던지니
한줄기 신령스런 빛이 또렷하게 밝았네

八十餘年夢裡身、　　今朝脫殼了無迹。
父母遺體付丙丁、　　一段靈光明赫赫。

■

* 이 글은 원래《함허당어록》문(文) 29편 가운데 실렸는데, 앞머리에 "횃불을 잡으면서 이르기를[秉炬云]"이라는 석 자만 없으면 그대로 7언시가 된다.

1) 병(丙)·정(丁)은 오행 가운데 화(火)에 해당된다.

벽송당(碧松堂) 지엄(智嚴)

벽송당(1464-1534)의 법명은 지엄이고, 호는 야로(野老)이며, 벽송은 그의 당호이다. 속성은 송씨이니, 부안 사람 송복생의 아들이다. 성종 22년(1491) 정월에 함경도 변방에서 오랑캐가 반란을 일으키자 허종을 따라서 종군하여 큰 공을 세웠지만, 느낀 바가 있어 계룡산 조징대사(祖澄大師)에게 나아가 머리를 깎고 출가하였다. 중종 3년(1508) 금강산 묘길상(妙吉祥)에 들어가《대혜어록(大慧語錄)》을 보다가 "개에게는 불성이 없다[狗子無佛性]"는 화두에 의문을 품어 마침내 깨우쳤다.
서산대사 휴정이 엮은《벽송당야로송(碧松堂埜老頌)》에 18편 21수의 시가 실려 전한다.

朝鮮時代
僧侶 漢詩選

법준 선자에게
示法俊禪伯

그대를 만나 막야[1]의 칼을 주니
칼끝에 녹이 슬지 않게 하라
오온[2]의 산 앞에 적이 보이면
한번 휘둘러 모두 베어라

逢君贈與鏌鎁劍、　　勿使鋒鋩生綠苔。
五蘊山前如見賊、　　一揮能斬箇箇來。

■

1) 막야는 원래 명검을 만들던 간장(干將)의 아내이다. 오나라 임금 합려가 간장에게 명검을 만들게 하였는데, 쇳물이 떨어지지 않았다. 그래서 막야가 자기의 몸을 희생시켜 쇳물이 떨어지게 하였다. 칼 두 자루가 만들어지자 '간장'과 '막야'라고 이름지어 부부를 삼았다. '막야'를 흔히 '막야(莫耶)'라고도 쓴다.
2) 심신의 다섯 가지 작용으로 색(色 : 육체)·수(受 : 감각)·상(想 : 상상)·행(行 : 마음)·식(識 : 의식)을 말한다.

진일 선자에게

示眞一禪子

섬돌에 내리는 비 맞으며 꽃은 웃고
난간에 부는 바람 받으며 소나무는 우네
오묘한 이치를 어찌 꼭 찾으려 하나
이 가운데 바로 원융한 회통이 있다네

花笑階前雨、　　松鳴檻外風。
何須窮妙旨、　　這箇是圓通。

■

* (원주) 진일은 호남 사람이다. 비록 세상을 놀랠 만한 재주는 없지만, 성품과 행실이 비범했다. 내게 가타(伽陁)를 청하기에 사양하지 못하고 붓을 적셔 써준다(이 원주는 법주사 간본에만 실려 있다).

** 이 시는 소요당(逍遙堂: 1562-1649)의 시집에도 〈무제(無題)〉라는 제목으로 그대로 실려 있다. 벽송당이 문자를 빌어 표현한 오묘한 깨달음을 소요당이 다시 빌려다 표현한 것이다.

학희 선자에게

贈學熙禪子

달은 산 앞뒤에 밝고
바람은 바다 안팎에 맑아라
그 누구에게 참모습을 물으랴
저 하늘에 점 찍는 기러기가 또 있네

月皛山前後、　風清海外中。
問誰眞面目、　更有點天鴻。

옥륜 선덕에게

贈玉崙禪德

머리는 희어도 얼굴은 봄바람 같아
산이나 시장이나 마음대로 돌아다니네
끝없는 소리와 빛이건만
닿는 곳마다 저절로 비어 있네

雪髮春風面、　逍遙山市中。
無窮聲與色、　觸處自空空。

영지소사에게

示靈芝小師

꽃다운 풀에 삼월 봄비가 내리고
단풍나무에 구월 서리가 내리네
시를 지어서 맞이하려면
법체의 왕을 웃어버리게나

芳草三春雨、　　丹楓九月霜。
若將詩句會、　　笑殺法中王。

허응당(虛應堂) 보우(普雨)

허응당(1515-1565)의 법명은 보우이고, 허응당은 법호이며, 나암(懶庵)이라는 호도 썼다. 중종 38년(1538)에 모든 절들을 불태우며 불교를 탄압하였는데, 문정왕후가 섭정하게 되자 유학자들과 가깝게 사귀던 그를 강원감사 정만종이 천거하였다. 그는 선교(禪敎) 양종을 부활시키는 데 앞장섰으며, 봉은사를 선종의 본산으로, 봉선사를 교종의 본산으로 정하고, 승과(僧科)를 부활시켰다.

그러나 명종 25년에 문정왕후가 승하하자, 유신들이 참소하여 제주로 유배되었다가 목사에게 장형(杖刑)을 당하고 죽었다.《허응당집》상·하권에 623수의 시가 실려 있다.

진불암
眞佛庵

암자가 겹겹 구름 속에 있어
원래 사립문도 없다네
축대의 삼나무는 늦푸르름을 머금고
뜨락의 국화는 저녁노을을 띠었네
나무에서는 서리 맞은 열매가 떨어지고
스님은 여름 지낸 옷을 꿰매네
고상한 한가로움이 나의 본뜻이기에
갈 길을 잊고서 시만 읊조리네

庵在雲重處、　　從來不設扉。
臺杉含晩翠、　　庭菊帶斜暉。
木落經霜菓、　　僧縫過夏衣。
高閑吾本意、　　吟賞自忘歸。

수미암에 올라 — 숭장로에게 드리다
上須彌庵 贈嵩長老

조그만 암자가 광한전[1]과 이웃해 높이 섰는데
백발 스님이 혼자서 졸고 앉았네
노을과 구름에 취해서 시비를 잃고
피는 꽃 지는 잎으로 세월을 헤아리네
학 한 쌍이 차 달이는 연기에 늙어가고
첩첩 봉우리들이 약 찧는 방아[2]가에 둘렸는데
이 가운데 선경이 있다고 들었으니
우리 스님이 바로 영랑[3] 신선 아니신가

小庵高並廣寒隣。　　白髮禪僧獨坐眠。
醉霧酣雲迷甲乙、　　開花脫葉紀時年。
一雙鶴老茶烟外、　　萬疊峯回藥杵邊。
聞說此中仙境在、　　吾師無乃永郎仙。

■

1) 달을 가리키는 말인데, 광한궁이라고도 한다. 《용성록(龍城錄)》에 당나라 현종(玄宗)이 월궁에 간 이야기가 있는데, 그 문에 "광한청허지부(廣寒淸虛之府)"라고 하였다고 한다.
2) 달나라에서 토끼가 약방아를 찧는다는 전설이 있다. 두보의 시에도 "약을 찧는 토끼가 오래 산다[搗藥兎長生]"는 구절이 있다.
3) 신라 효소왕 때의 화랑인데, 술랑(述郞), 남랑(南郞), 안상(安祥)과 더불어 사선(四仙)의 하나로 꼽혔으며, 금강산에서 노닐었던 이야기가 전한다. 강원도 고성군 삼일포(三日浦)에 "영랑도남석행(永郎徒南石行)"이라고 새겨진 바위가 있으며, 그가 노닐었다는 속초시 영랑동 영랑호에도 그의 전설이 전해진다.

꿈을 깨고서 기쁨을 이기지 못하여
夢破餘不勝自幸快咏一律以示心知

이 도를 깨우치려 선방 문을 닫아거니
천 가닥 생각이 한 가닥으로 꿰지며 홀연히 밝아지네
최씨 정씨 박씨 따위 이름할 상이 없고
소며 말이며 고래 따위 본체될 신이 있네
겨울 추위와 여름 더위는 하늘의 호흡이고
잎 지고 꽃 피는 것도 이 땅의 삶과 죽음일세
삼라만상이 모두 내게 있는 것이니
어찌 제 집을 벗어나 부질없이 쏘다니랴

欲窮斯道揜禪扃。　一貫千殊妙忽明。
無相可名崔鄭朴、　有神能體馬牛鯨。
冬寒夏熱天呼吸、　葉落花開地死生。
萬象森羅都自己、　何須出戶謾馳行。

■
* 원 제목이 길다. 〈꿈을 깨고서 기쁨을 이기지 못한 나머지 유쾌히 율시 한 수를 읊어 마음을 보이다.〉

상진(尚震)이 정승께

尙使華相國聞小釋枯槁專使惠料以詩賀謝

금강에 숨은 자취 오래 되고 보니
생애가 나날이 성글어 가네
서리 내린 아침에는 언 밤을 줍고
연기 어린 저녁에는 마른 나물을 뜯네
바리때가 비어 거미가 그물을 치고
재가 다 식자 새가 전서를 쓰네[1]
어찌 알았으랴 늙으신 재상께서
쇠진한 몸 구하려 은혜 내리실 줄이야

晦跡金剛久、　生涯逐日疎。
霜朝收凍栗、　煙暮劚枯蔬。
鉢澁蛛成網、　灰寒鳥篆書。
那知使相國、　垂惠救衰餘。

■

* 원 제목이 길다. 〈은퇴한 옛 재상 상진이 내가 여위었다는 소식을 듣고 음식을 보내었기에, 시를 지어 사례하다.〉

1) 불 꺼진 아궁이의 재 위에 새 발자국이 전서를 쓴 것처럼 남아 있는 모습이다.

선상인과 헤어지며 지어 보이다
示禪上人見別

인간 세상은 하도 어지러워
다시금 옛 선원으로 돌아간다네
굶주리고 얼어서 차라리 죽을지언정
일찍이 세상의 정을 꿈꾸지 않았다네

人間多澒洞、　　還向舊禪庭。
飢凍寧投死、　　不曾夢世情。

부상인에게 보이다

示膚上人

바람 따라 물결 일고 물결 따라 거품이 이니
맑고 고요한 마음 바다에 떠있는 것 부끄러워라
오늘이라도 갑자기 바람과 물결 그치면
맑고 밝은 가을 강물 이게 원래의 모습이라네

仍風起浪浪生漚。 慙愧淸平海上浮。
今日忽然風浪息、 澄明元是一江秋。

창을 열고 봄을 즐기다
開窓賞春

선방의 추위를 봄바람이 몰아내자
선창을 활짝 열어 만물을 보며 기뻐하네
얼음 풀린 시냇물 소리도 기쁘게 들리고
눈 녹자 먼 산의 얼굴도 갑작스레 보이네
푸르름이 버들을 찾아와 찌푸린 눈썹에 물들고
붉은빛이 복사꽃을 찾아들어 웃는 이마에 반점을 띠네
실컷 즐기다 한가롭게 머리를 쳐들고 보니
봄 아지랑이 속에 두어 봉우리 푸르구나

春風吹黜竹房寒。　豁闢禪窓賞物懽。
氷泮喜聞深澗響、　雪銷驚見遠山顔。
靑歸巷柳嚬眉染、　紅入園桃笑額斑。
賞極飜然閑擧首、　烟中蒼翠數峯巒。

보상인과 헤어지며

別寶上人

물결처럼 일렁이는 인간 세상의 일은 알 수 없으니
다시 온다고 부질없이 약속하지 마세나
만물이 어찌 하늘과 더불어 선약 있으랴만
봄바람 불면 나무마다 가지에 움이 튼다네

波飜人事儘難知。　莫謾重來預作期。
物豈與天先有約、　春風無樹不生枝。

우연히 읊다
偶吟

바람이 멎자 솔바람소리도 고요해지고
찌는 듯한 산기운이 비를 몰아오네
혼자 앉았다가 코 찌르는 향내에 깜짝 놀라고 보니
바위 틈새에 수없는 꽃들이 난간을 둘러 피었구나

松鳴自寂風初定、　山氣蒸暝雨欲來。
獨坐忽驚香撲鼻、　岩花無數繞軒開。

조계 정만종에게
禪餘述懷奉鄭使華棗溪閣下 七首

6

대조계 시냇물이 밑바닥까지 보이게 맑아
흰 구름이 때때로 그 흐르는 소리를 듣네
옆사람들이 모르거든 말하지나 마소
산 속의 중이 왜 성마을까지 내려가겠소

大棗溪水徹底淸。 白雲時向聽流聲。
傍人不識爭咻道、 嶺上山僧何下城。

■

* 원 제목이 길다. 〈선을 닦는 여가에 정조계 각하에게 회포를 말하다.〉

윤헌납이 보내온 시를 받들어 차운하다
奉次尹獻納來韻

1

유가와 불가가 사귀는 것이 바로 옛 풍류이니
태전의 선방에 한퇴지가 노닐었다오[1)]
당시 산 속의 달빛이 촛불처럼 밝아
그대의 맑은 시가 이 토굴까지 찾아왔구려

儒釋相從是古風。　太顚方丈倚韓公。
當時山月明如燭、　獻納淸詩寄土宮。

■

1) 당나라 때에 태전선사가 유학자 한유와 친하게 사귀었다.

동지 정헌석의 시에 차운하다

奉似鄭同知軒石

절간 뜨락에 산 속 달빛이 가득해
한가롭게 거닐며 벗[1]을 그리워하다가
불경 번역하던 손을 잠시 멈추고
서울로 보내는 시를 다시 짓네
뜬구름 인생이 몇 날이나 되랴
귀밑머리에 흰 실낱이 새로 보이네
그대를 다시 만나 이야기하고 싶지만
그대 바쁘고 나는 한가해서 만나기 더디구려

禪庭山月滿、　　散步憶鍾期。
暫輟飜經筆、　　還題送洛詩。
浮生知幾日、　　衰鬢見新絲。
縱欲重逢話、　　閑忘會亦遲。

■

1) 원문의 종기(鍾期)는 마음을 알아주는 벗 종자기를 가리킨다. 백아(伯牙)가 거문고를 타는데 높은 산에 뜻이 있으면, 종자기(鍾子期)가 듣고서 "태산과 같이 높구나"라고 말하였다. 또 흐르는 물에 뜻이 있으면, 종자기가 듣고서 "강물처럼 넓구나"라고 말하였다. 백아가 생각한 것을 종자기가 반드시 알아맞췄다. 종자기가 죽자, 백아가 "지음(知音)이 없다"면서 거문고의 줄을 끊었다. -《열자》〈탕문(湯問)〉편

선교판사를 제수받고 봉은사에서

入院後翌日夜五更三鼓懷香登殿祝釐禮竟有僧出講開堂法要以偈示之

큰 산 속 천 년의 커다란 가람
왕명 받아 부처님 앞에 향을 바치네
보배스런 연꽃 천 잎이 묘용의 실상이고
맑게 울리는 풍경소리가 현묘한 부처님 말씀일세[1)]
새벽 대웅전에 구름이 스며들어 첫눈이 날리자
향불 연기가 바람에 끌려 아지랑이가 되네
이것이 바로 천기의 누설이니
산 속의 중이 다시 무엇을 중얼거리랴

喬山千載大伽藍。　　奉詔懷香上佛龕。
千葉寶蓮開妙相、　　數聲淸磬訴玄談。
雲侵曉殿初飛雪、　　風引爐煙已作嵐。
此亦十分成漏洩、　　山僧何更說喃喃。

■

* 원 제목이 길다. 〈선원에 들어온 그 이튿날 밤 오경에 북이 세 번 울리자, 향을 가지고 불전에 올라 복을 빌었다. 예가 끝나자 한 승려가 나와서 개당법요(開堂法要)를 강하므로, 게를 지어서 보였다.〉

1) 향 하나, 꽃 하나에서 시방의 모든 성인을 볼 수 있다. -《수월도량공화불사여환빈주몽중문답(水月道場空花佛寺如幻賓主夢中問答)》

선종판사의 직첩을 받고

惟我聖上卽位之七年辛亥夏六月日以堯仁舜孝追祖宗之法典復禪敎之兩宗俾臣僧普雨爲禪宗判事僧守眞爲敎宗判事因給宗印臣不勝且驚且感且顚且倒罔知攸賀謹拾山語筆頌熙熙

1

성스런 임금님 덕이 천지에 덮여
천 자루 붓 가지고 이 기쁨을 찬양하네
기림[1] 나무에 봄 돌아와 꽃은 다시 피었고
항하[2] 금모래에 햇빛 비쳐 땅기운을 되찾았네
온 나라에 부처님 교화가 열려
만백성이 비로소 요임금 시절을 만났다고 하례하네
조계 시냇물 여파가 다행히도 남아 있어
내 몸에까지 미쳤으니 부끄러워 땀 흐르는구나

■

* 원 제목이 길다. 〈우리 성상께서 즉위하신 지 7년 되던 신해년(1551) 유월에 (성상께서) 요임금 같은 어지심과 순임금 같은 효성으로 조상 임금들의 법전을 뒤따라 선(禪)·교(敎) 양종을 회복하여, 신승(臣僧) 보우로 하여금 선종판사를 삼으시고, 승(僧) 수진으로 하여금 교종판사를 삼으시며 종인(宗印)을 내리셨다. 신이 놀라고도 감격함을 이기지 못하여 넘어지고 자빠지면서 어떻게 하례하여야 할지를 알지 못하다가, 겨우 산가의 시어를 수습하여 기쁘게 찬송한다.〉

1) 기림(祇林)은 기원정사(祇園精舍)의 숲이란 뜻인데, 절을 말한다. 기원정사는 수달장자(須達長者)가 석가를 위해서 세운 설법도량이다.

2) 인도에 있는 갠지스 강인데, 히말라야 산맥에서 동남쪽으로 벵갈 만까지 1,680마일을 흘러간다.

聖德同天地覆燾、　　可將千筆頌熙熙。
春回祇樹花重發、　　日照金沙地得奇。
一國旣蒙開佛化、　　萬民初賀値堯時。
曹溪幸有餘波在、　　忝及吾身愧汗垂。

2

밝은 세상 다시 일어나 빛[3]을 발하니
아름다운 성업이 요순시절을 만났네
예전에는 이 골짜기에 향초와 잡초 섞여 자랐건만
이제는 옥석을 가려 다른 상자에 간직하네
금인[4]을 받고서 임금의 교화 중한 것을 비로소 알고
자줏빛 장삼 걸치며 성스런 은혜를 처음 기리네
가련하게 남아 있는 우발화[5] 몇 송이가
오십 년 만에 다시 한번 향내 피우네

■

3) 호광(毫光)은 부처의 몸에서 사방으로 빛이 퍼지는 모습이다.
4) 선종판사의 종인이다.
5) 우발라(偶鉢羅)라고도 하는데, 반드시 부처의 탄신일인 4월 초파일에 꽃이 피었다가 겨울에 열매를 맺는다고 한다.

昭代中興毫相光。　熙熙盛業邁虞唐。
薰蕕昔混生同谷、　鼠璞今分入異箱。
金印始知王化重、　紫泥初見聖恩長。
可憐優鉢花餘朶、　五十年來一度香。

상운암에서 자며
宿上雲庵

길동무도 없이 봄산을 깊숙이 찾아드니
길가의 복사꽃이 지팡이에 스치네
부슬비 내리는 상운암에서 하룻밤 자노라니
선심과 시상이 아득하구나

春山無伴獨尋幽。　　挾路桃花襯杖頭。
一宿上雲疎雨夜、　　禪心詩思兩悠悠。

■
* (원주) 청계산에 있다.

임종게
臨終偈

요술장이가 요술장이 고향에 찾아들어와
오십여 년 동안 미친 놀음을 모두 놀았네
인간 세상의 영화와 치욕을 모두 장난쳐 마친 뒤
중의 허수아비 껍질을 벗고 맑은 하늘로 오르네

幻人來入幻人鄕。　五十餘年作戱狂。
弄盡人間榮辱事、　脫僧傀儡上蒼蒼。

서산대사 휴정(休靜)

청허당(淸虛堂 1520-1604)의 법명은 휴정이고 청허는 당호인데, 묘향산에 오래 머물러 서산(西山)이라는 호로 더 알려져 있다. 외할아버지가 연산군에게 죄를 지어 안릉으로 귀양가는 바람에 아버지 최세창도 아전으로 몰락하였다. 아홉살에 어머니를 여의고 열살에 아버지를 여의자, 그의 글재주를 아낀 안주목사 이사증이 천거하여 성균관에 입학하였다. 열다섯살 때 과거에 응시하였다가 낙방하자, 지리산에 놀러갔다가 출가하여 숭인의 제자가 되었다. 스물한살에 벽송당 지엄의 제자인 부용에게 인가받았다.

승과(僧科)에 선발되어 교종판사와 선종판사까지 올랐으며, 임진왜란이 일어나자 팔도십육종도총섭(八道十六宗都總攝)이 되어 전국의 승군을 지휘하였다. 《선교결(禪敎訣)》·《삼가귀감(三家龜鑑)》·《선가귀감(禪家龜鑑)》 등의 저서가 전하며, 《청허당집》 권1·2·3에 시가 실려 있다.

朝鮮時代
僧侶漢詩選

남해에서 밤에 배를 대다
南溟夜泊 四首

2

달이 졌는데도 밤은 아직 희부옇고
배 안에는 석가모니가 있네
탁 트인 하늘은 끝이 없는데
푸른 바다에서 은하수가 일렁이네

月落夜猶白、　　舟中有釋迦。
廓然天不盡、　　靑海動星河。

3

유리국에서 달이 솟으니
백옥경에 사람도 드물어라
임금님 용안이 지척이건만
머리를 돌리자 구름만 이네

月出琉璃國、　　人稀白玉京。
天顏應咫尺、　　回首五雲生。

4

바다가 뛰놀자 은산이 갈라지고
바람이 그치자 푸른 구슬이 흐르네
배가 하늘 위에 있는 집 같아
자리 가운데서 별과 달을 줍네[1)]

海躍銀山裂、　　　風停碧玉流。
船如天上屋、　　　星月坐中收。

■

1) 주경여(朱慶餘)가 호수를 읊은 〈호중한야시(湖中閑夜詩)〉에서 "풍파가 일지 않는 곳에서 / 별과 달을 자리에 앉아 줍네[風波不起處, 星月坐中收]"라고 하였다.

숭의 선자가 찾아왔기에

崇義禪子訪淸虛

청허당 주인을 알려 하는가
만나도 만남이 없다네
저 흰 구름 너머 한 기이한 봉우리가
따로 있는 것이나 모름지기 알아두게나

欲識淸虛主、　　相逢定不逢。
須知白雲外、　　別有一奇峯。

벗을 만나다
會友

나무 끝에 구름[1] 몇 천리
산천이 참으로 아득하였네
서로 만나보니 어느새 머리가 희어
손가락 꼽으며 지난 세월 헤아리네

雲樹幾千里、　　山川政渺然。
相逢各白首、　　屈指計流年。

■

1) 두보가 이백을 생각하는 시 〈춘일억이백(春日憶李白)〉에서, "위수 북쪽에는 봄 하늘의 나무, 강 동쪽에는 날 저문 뒤의 구름[渭北春天樹, 江東日暮雲]"이라고 하였는데, 여기서는 멀리 있는 친구를 그리워하는 마음으로 쓰였다.

망고대

望高臺

높은 산마루에 홀로 서니
넓은 하늘에 새만 오가네
바라보이는 곳에는 가을빛 아득한데
넓은 바다가 술잔보다도 작아라

獨立高峯頂、　長天鳥去來。
望中秋色遠、　滄海小於杯。

불일암
佛日庵

깊은 선원의 꽃이 붉게 떨어지고
긴 대숲에는 푸른 아지랑이가 끼었네
흰 구름이 봉우리에 엉켜 자고 가자
푸른 학도 스님을 벗삼아 졸고 있네

深院花紅雨、　長林竹翠烟。
白雲凝嶺宿、　青鶴伴僧眠。

가야동
遊伽耶

지는 꽃 향내가 골 안에 가득하고
새 울음 소리가 숲 너머에서 들리네
절간은 어디에 있는지
봄 산이 반은 구름일세

落花香滿洞、　　　啼鳥隔林聞。
僧院在何處、　　　春山半是雲。

양봉래에게

寄蓬萊子 二首

2

군센 붓으로 삼산을 뭉개고
시가 맑아 만금이나 값 나가네[1)]
산승에게 외계의 물건이라고는 없어
오직 백 년의 마음뿐일세

筆健頹三岳、　詩淸直萬金。
山僧無外物、　惟有百年心。

■

* 봉래는 양사언(楊士彥: 1517-1584)의 호이다. 자연의 경치를 사랑하여 삼등·함흥·평창·강릉·회양·철원 등의 고을 사또를 자원하였다고 한다. 시와 글씨에 아울러 뛰어났다.

1) 두보의 시 〈춘망(春望)〉에서 "봉화가 석 달이나 이어지니, 집에서 온 편지가 만금이나 값 나가네[烽火連三月, 家書抵萬金]"라고 하였다.

봄을 아쉬워하다

惜春

천 잎 만 잎 꽃이 떨어지고
두어 마디 새가 우네
시와 술이 없다면
이 좋은 풍정이 스러지겠지

落花千萬片、　　　啼鳥兩三聲。
若無詩與酒、　　　應殺好風情。

■

* (원주) 죽마에게 장난삼아 지어주다.

죽마고우에게

贈李竹馬

나는 한가롭고 그대는 바쁘게 다른 길을 갔지만
세월은 홀연히 같이 흘렀네
서로 만나 지난 일들 이야기하는데
흰 머리 국화 옆에는 가을이 깊었네

閑忙雖異路、　　　歲月忽同流。
相逢說往事、　　　白髮黃花秋。

저택을 지나며 거문고소리를 듣다
過邸舍聞琴

가느다란 손길이 흰 눈처럼 어지럽겠지
가락은 끝났어도 정은 그치지 않았네
가을 강물이 거울빛처럼 맑아지고
푸른 봉우리 두셋이 그려지네[1)]

白雪亂纖手、　　曲終情未終。
秋江開鏡色、　　畵出數靑峯。

■

1) 백아가 거문고를 타면 그의 친구 종자기가 그 소리를 듣고 태산을 그리거나 흐르는 물을 그렸던 것처럼, 서산대사도 담 너머로 거문고소리를 들으면서 거문고를 타는 여인의 얼굴을 그리고, 가을 강물과 푸른 봉우리를 그려본 것이다.

옛 전쟁터를 지나며
過古戰場

눈 쌓인 산 얼음 덮힌 강물 속에는
그때 말에 물 먹이던 사람들 시체가 있네
황토 사막에 백골이 남았건만
비린내 나는 풀에는 저절로 푸른 봄이 찾아오네[1)]

山雪河氷裡、　　　當年飮馬人。
黃沙餘白骨、　　　腥草自靑春。

■

1) 이화(李華)의 〈조고전장문(弔古戰場文)〉에 "사막의 풀은 새벽에 먹이고, 강의 얼음은 밤중에 건넌다[沙草晨牧, 河氷夜渡]"라고 하였다.

봉성을 지나다가 낮닭이 우는 소리를 듣다
過鳳城聞午鷄 二首

1
머리는 희어도 마음은 희지 않으니
옛사람이 일찍이 기미를 누설하였네
이제 닭 울음 소리 한번 듣고 나니
대장부 일이 다 끝나버렸네

髮白非心白、　　古人曾漏泄。
今聽一鷄聲、　　丈夫能事畢。

2
갑자기 내 집에 이르렀으니
앞길도 다만 이러하겠지
천만이나 되는 금빛 보배 대장경도
원래는 비어 있는 종이 한 장이라네

忽得自家底、　　頭頭只此爾。
萬千金寶藏、　　元是一空紙。

■
* 친구를 찾아 용성으로 가는 길에 성촌 마을을 지나다 낮닭이 우는 소리를 듣고, 게송 두 수를 읊은 뒤에 다시 산으로 돌아왔다.

옛시의 뜻

古意

바람이 그치니 꽃이 오히려 떨어지고
새가 울자 산이 더욱 고요해라
하늘은 흰 구름과 함께 밝아오고
물은 밝은 달과 섞여서 흐르네

風定花猶落、　　鳥鳴山更幽。
天共白雲曉、　　水和明月流。

죽은 중을 곡하다
哭亡僧

올 때는 흰 구름과 더불어 오더니
갈 때엔 밝은 달을 따라가셨네
오고 가는 것이 한 주인이니
그대는 끝내 어디에 있으신가

來與白雲來、　去隨明月去。
去來一主人、　畢竟在何處。

일선암 벽에 쓰다

題一仙庵壁

산은 스스로 무심히 푸르고
구름은 스스로 무심히 희네
그 가운데 한 상인이 있으니
그도 또한 무심한 나그네일세

山自無心碧、　雲自無心白。
其中一上人、　亦是無心客。

회포를 읊다

咏懷

병이 마음속 깊이 들었으니
어찌 많은 글자를 모으려고 애쓰랴
오언절구 한 수로도
평생의 뜻을 쓸 수 있다네

病在肉團心、　　何勞多集字。
五言絶句詩、　　可寫平生志。

그림자를 보고 느끼다

顧影有感

어머니와 한번 헤어진 뒤에
세월은 물 흐르듯 깊어만 갔네
늙은 자식이 마치 아버지 얼굴 같아
물 밑 그림자 보다가 깜짝 놀랐네

一別萱堂後、　　　滔滔歲月深。
老兒如父面、　　　潭底忽驚心。

세 가지 꿈 이야기
三夢詞

주인은 손님에게 제 꿈을 이야기하고
손님도 주인에게 제 꿈을 이야기하네
이제 꿈을 이야기하는 이 두 사람도
역시 모두가 꿈 속의 사람들일세

主人夢說客、　　客夢說主人。
今說二夢客、　　亦是夢中人。

■

* 서산대사가 노수신에게 편지를 보내면서, 자신의 오십 년 생애를 〈삼몽록(三夢錄)〉이라는 이름으로 기록하였다. 첫째 꿈은 노파가 나타나서 장부를 얻을 것이라고 알려주었다는 어머니의 태몽이다. 둘째 꿈은 대사가 세살 때에 노인이 나타나서 운학(雲鶴)이라는 이름을 지어주었다는 아버지의 꿈이다. 셋째 꿈은 서산대사 자신의 행적이 꿈이라는 뜻이다. 이 편지를 받은 노수신이 다시 삼몽의 꿈에 대해서 되묻자, 대사가 다시 답장을 보내면서 그 끝머리에다 이 시를 덧붙였다.

화개동
花開洞

이름은 화개동인데 꽃은 오히려 지고
청학동 둥지에 학은 돌아오지 않네
잘 있거라 홍류교 다리 아래 물이여
너는 바다로 가고 나는 산으로 가네

花開洞裏花猶落、　青鶴巢邊鶴不還。
珍重紅流橋下水、　汝歸滄海我歸山。

고향에 돌아오다

還鄕 二首

1

삼십 년 만에 고향으로 돌아왔더니
사람은 죽고 집은 허물어져 마을이 황폐해졌네
푸른 산은 말이 없고 봄 하늘은 저무는데
두견새 울음 소리만 멀리서 들려오네

三十年來返故鄕。 人亡宅廢又村荒。
靑山不語春天暮、 杜宇一聲來杳茫。

2

어린 계집애들이 창문 틈으로 엿보고
학처럼 머리 흰 이웃 늙은이가 이름을 물어보네
어릴 적 이름 대자 곧 알아보고 눈물 흘리는데
바다처럼 푸른 하늘에 달은 삼경일세

一行兒女窺窓紙、 鶴髮隣翁問姓名。
乳號方通相泣下、 碧天如海月三更。

각행대사

覺行大師 二首

2

승려 산 물 셋은 서로 알아주는 벗이고
학 구름 솔도 같은 세상일세
본 마음이 비고 고요한 것을 알지 못하면
이 몸의 한가함을 이승에서 어찌 얻으랴

僧兼山水三知己、　鶴與雲松一世間。
虛寂本心如不識、　此生安得此身閑。

임금님께서 보내주신 대나무 그림을 보고
宣祖大王賜御筆墨竹仍命製詩立進一絶

소상강 대나무 한 가지가
임금님 붓끝에서 살아났네
산승이 향불 공양을 바칠 때마다
잎새에서 가을소리가 들리네

瀟湘一枝竹、　　聖主筆頭生。
山僧香爇處、　　葉葉帶秋聲。

■

* 제목이 길다. 〈선조대왕께서 어필 묵죽도(墨竹圖)를 내리시면서 시를 지으라고 명하시기에 곧 한 절구를 지어 바쳤다.〉

** 선조 22년(1589)에 정여립이 전라도에서 역모를 꾸미다가 잡혔는데, 그의 참모 가운데 의연(義衍)이라는 중이 구월산과 계룡산의 스님들을 규합하다가 잡혀서 서산대사에게도 화가 미치게 되었다. 무업(無業)이라는 중을 심문한 문서 가운데도 대사의 이름이 나왔는데, 선조가 대사의 시와 문장을 보고 감탄하여 사면하면서 대나무 묵화와 시 한 수를 내렸다.
그 시는 이렇다.

잎이 붓끝에서 살아나고
뿌리도 땅에서 돋지 않았네
달이 떠도 그림자가 보이지 않고
바람 불어도 소리가 들리지 않네

葉自毫端出、　根非地面生。
月來無見影、　風動不聞聲。

임종게
臨終偈

천 가지 생각 만 가지 생각이
붉은 화로 속의 한 점 눈일세
진흙소가 물 위로 다니니
대지와 허공이 다 찢어지네

千思萬思量、　　紅爐一點雪。
泥牛水上行、　　大地虛空裂。

정관대사(靜觀大師) 일선(一禪)

정관대사(1533-1609)의 법명은 일선이고, 정관은 그의 호다. 속성은 곽씨인데, 어머니 이씨가 스님 한 분이 구슬 한 쌍을 주면서 자고 가기를 청하는 태몽을 꾸고 대사를 낳았다. 열다섯살에 출가하여 선과에 오르기도 했지만, 묘향산에 들어가 서산대사에게 심법을 받은 뒤 자취를 감추고 내심의 관법을 일삼았다. 그의 법회에는 늘 수백 명이 모였다. 덕유산 백련사에서 조용히 앉아 열반하였다. 법손 성호가 엮은 《정관집》에 시 64편이 실려 있다.

대둔사에서

題大芚寺

솔바람소리가 사람의 귀를 맑게 하고
시냇물소리는 꿈을 꾸게 하네
재 지낸 뒤에는 차 한잔 마시고
바람과 달이 아침 저녁을 함께 하네

松韻淸人耳、　　溪聲惹夢魂。
齋餘茶一椀、　　風月共朝昏。

은선암에서 우연히 읊다
留隱仙偶吟 二首

2

부처가 그대 마음에 있건만
이 시대 사람들은 밖에서만 찾네
값 따질 수 없는 보배를 안에 간직하고
한평생 그 아름다움을 알지 못하네

佛在爾心頭。　時人向外求。
內懷無價寶、　不識一生休。

눈멀고 귀먹은 노스님에게 지어주다
贈盲聾禪老

듣지 못하면서도 제 성품을 듣고
보지 못하면서도 참마음을 보네
마음과 성품을 모두 잊은 그곳에
텅 비고 맑은 물 속의 달[1]이 나타나네

不聞聞自性、　　不見見眞心。
心性都忘處、　　虛明水月臨。

■

1) 눈으로는 볼 수 있지만 손으로 잡을 수 없는 것을 비유한 말이다. 있는 듯도 하고 없는 듯도 한 것을 가리킨다.

임종게

臨終偈

석 자 취모검[1])을
오래도록 북두성에 감추었다가
구름도 걷힌 태허 공중에
비로소 칼끝을 드러내 보이네

三尺吹毛劍、　　　多年北斗藏。
太虛雲散盡、　　　始得露鋒鋩。

■

* 정관대사가 만년에 덕유산 백련사로 옮겼는데, 어느날 저녁에 제자들에게 이렇게 말하였다. "어젯밤 꿈에 해와 달이 내 옷깃을 떠났으니, 내 이제 가야 할 때가 되었다." 그리고는 차를 마신 뒤에 목욕하고 나서 이 게송을 지었다. 다음날 의관을 정제하고 조용히 앉아서 열반하였다.

1) 취모검은 날카로운 칼 이름이다. 《벽암록(碧巖錄)》〈백칙평창(百則評唱)〉에, "칼날 위에다 털을 놓고 바람을 불어보아서, 그 털이 저절로 잘라져야 바로 날카로운 칼이다. 이 칼을 취모검(吹毛劍)이라고 한다"하였다.

비 온 뒤 절간에서 짓다
山堂雨後

비 개인 남산에 아지랑이도 걷혀
산빛 의연히 옛 암자를 마주보네
홀로 앉아 고요히 바라보니 생각도 맑아지는데
반평생 어깨에는 장삼[1]을 걸쳤네

雨收南岳捲青嵐。　　山色依然對古庵。
獨坐靜觀心思淨、　　半生肩掛七斤衫。

■

1) 어떤 스님이 조주(趙州)에게 묻기를, "만법은 하나로 돌아가는데, 그 하나는 어디로 돌아갑니까?[萬法歸一 一歸何處]" 하니, 조주가 말하기를, "내가 청주에 있을 적에 베장삼 한 벌을 만들었더니, 그 무게가 일곱 근이더라.[我在青州 作一領布衫 重七斤]"고 한 화두(話頭)에서 온 말로, 전하여 불제자(佛弟子)의 수업을 의미한다.

도파원으로 돌아가면서 헤어지다
歸兜波院留別 二首

1
봄에는 풍악산에서 그대와 함께 노닐었는데
묘향산에선 이 맑은 가을을 누구와 함께 보낼까
선경이 정을 끈다고 말하지 말게나
아름다운 산수가 끝내 시름 된다오

楓岳春山共爾遊。　妙香誰與送清秋。
莫言仙景遣情累、　好水佳山終是愁。

금강대에 다시 오르다

重上金剛臺

높은 다락에 고요히 앉았노라니 잠도 오지 않는데
고즈넉한 등불만 벽 위에 걸렸네
이따금 창 밖에 시원한 바람이 불어오면
솔방울 떨어지는 소리가 뜰 앞에서 들리네[1)]

高臺靜坐不成眠。　寂寂孤燈壁裡懸。
時有好風吹戶外、　却聞松子落庭前。

1) 위응물(韋應物)의 〈추야기구이십이원외시(秋夜寄丘二十二員外詩)〉에 "텅 빈 산에 솔방울 떨어지니, 외롭게 사는 사람이 잠 못 이루네[山空松子落, 幽人應未眠]"라고 하였다.

보은태수에게
上報恩太守

하늘끝 날아가는 학이 구름가에서 춤추니
건곤 일만 리가 한 눈에 보이네
구만리 가을하늘 달 아래 그 울음이 퍼지니
그 누가 잡아다가 새장 안에 가두랴

鶴飛天末舞雲端。　萬里乾坤一眼看。
聲送九宵秋月下、　孰能捉得繫籠間。

임종게

臨終偈

평생 지껄인 말이 부끄럽지만
끝내 분명 백억을 뛰넘었네
말 있고 말 없음이 다 옳지 않으니
부탁컨대 여러분이 스스로 깨달으소

平生慙愧口喃喃、 末後了然超百億。
有言無言俱不是、 伏請諸人須自覺。

지선객에게

贈芝禪客

사물 세계를 벗어나 한가롭게 놀면서
내 마음대로 아침 저녁을 보내네
두 발로 천 산의 달을 밟고
이 몸으로 만리 구름을 따른다네
나와 남의 소견이 본래 따로 없으니
옳고 그름이 어찌 문이 있으랴
새가 꽃을 물어다 주지 않아도
봄바람이 절로 꽃다워진다네

優遊超物外、　　自在度朝昏。
足踏千山月、　　身隨萬里雲。
本無人我見、　　那有是非門。
鳥不含花至、　　春風空自芬。

관선자에게
贈觀禪子

남대 위에 고요히 앉아
허공을 보아도 허공이 아닐세
소리와 빛 밖에 구애받지 말게나
어찌 보고 들음에 떨어지랴
가을 못의 달빛은 맑고도 맑고
눈 덮힌 고갯마루 소나무는 꼿꼿하기만 하니
오묘한 문을 때려 부숴야만
바야흐로 선풍을 떨칠 수 있다네

靜坐南臺上、　觀空不是空。
勿拘聲色外、　寧墮見聞中。
湛湛秋潭月、　亭亭雪嶺松。
玄關追擊碎、　方得震禪風。

칠불암

題七佛庵

두류산 반야봉 동쪽에 절이 있는데
달빛이 금당을 밝혀 그림자 영롱해라
향불 꺼지자 아지랑이가 탑 끝에 날고
종소리가 꿈 깨며 늦바람에 불려오네
청학동에는 푸른 학이 오지 않는데
백운봉은 흰 구름이 늘 에워싸고 있네
쌍계가 멀리 뵈는 돌문 사이로
희미한 가을빛이 한눈에 뵈네

寺在頭流般若東。　月明金殿影玲瓏。
香消瑞靄飛庭榻、　夢覺踈鍾落晩風。
青鶴不來青鶴洞、　白雲長鎖白雲峯。
石門遠見雙溪下、　秋色依微一望中。

통도사에서

題通度寺 二首

2

바람도 들지 않는 그윽한 뜰에 나그네가 찾아오자
해는 뽕나무에[1] 걸리고 저녁 종소리만 들리네
다락 밖에는 맑은 시내 시내 건너엔 대숲이 있고
바위가에는 돌탑 탑가에 소나무가 있네
봄이 왔어도 응달에는 눈이 아직 남아 있는데
시냇가에 누운 물방아는 밤 깊도록 방아를 찧네
몇 해 동안 벼르다 이제야 와보니
평생 그리움이 일시에 공(空) 되었네

客尋幽庭入無風。 日照桑楡聽暮鍾。
樓外淸溪溪外竹、 岩邊石榻榻邊松。
背陰殘雪春猶在、 住水僵砧夜尚春。
長憶幾年今始至、 平生思戀一時空。

■

1) 날 저물 무렵엔 해가 뽕나무나 느릅나무 위에 걸린다. 해가 지는 서쪽을 상유(桑楡)라고도 한다.

길 가기 어려워라

行路難

일찍이 속세를 벗어나며 고향을 떠나
짚신 신고 이름난 산들을 두루 밟았지
지난해 가을 달밤에는 구름을 따라갔고
오늘은 봄바람 따라 물 건너 돌아왔네
고기 맛 알던 입으로 산채의 쓴맛을 어찌 알랴
비단옷 입은 그 누가 장삼자락 추운 줄을 알랴
옛 동산을 찾아가려니 아침 안개와 저녁 노을에 가려
만 리 아득해 길 가기 어려워라[1)]

早脫紅塵出故關。　　芒鞋踏破遍名山。
昔年秋月隨雲去、　　今日春風渡水還。
肉味那知蔬味苦、　　錦衣誰識衲衣寒。
欲歸故園烟霞裡、　　萬里悠悠行路難。

■

1) 백거이(白居易)의 시 〈태항로(太行路)〉에 "길 가기 어렵네. 산보다 어렵고, 물보다 험하네[行路難, 難於山, 險於水]"라고 하였다. 악부(樂府) 가사에 〈행로난〉이라는 제목이 있는데, 이백이 지은 〈행로난〉이 가장 유명하다.

사명당(四溟堂) 유정(惟政)

사명대사의 법명은 유정이고, 자는 이환(離幻)이며, 사명은 호다. 송운(松雲), 종봉(鍾峯)이라는 호도 썼다. 속성은 임씨다. 일곱살부터 할아버지에게서 유가경전을 배우고 열세살부터 황여헌에게 《맹자》를 배우다가, 직지사로 출가하여 신묵화상에게 가르침을 받았다. 명종 16년(1561) 선과에 합격한 뒤에도 사대부들과 문장으로 사귀었으며, 노수신에게 이백과 두보의 시를 배웠다.

선조 8년(1575)에 선종을 주지하여 봉은사 주지가 되었다가, 묘향산으로 가서 서산대사의 문하에서 배웠다. 선조 25년(1592)에 임진왜란이 일어나자 수천 명의 승병을 일으켜 호국에 앞장섰다. 선조가 그에게 환속하기를 권유하였지만 사양하였으며, 많은 공을 세워 가선대부(종2품)의 직계와 동지중추부사(종2품)의 직첩을 받았다.

선조 36년(1603)에 국서를 가지고 일본에 가서 강화하고, 남녀 포로 천오백 명을 데리고 돌아왔다. 《사명집》 7권에 많은 시가 실려 있다.

송암에게 주다
贈松庵

덧없는 인생들은 큰 꿈 이루기에 바빠
가고 오는 세월을 티끌 속에 돌아다니네
우리 스승 옷자락 떨치고 서산으로 들어가시어
몸과 마음을 단련하니 밝은 빛이 나네[1)]
구름과 소나무로 짝을 삼고 사슴을 벗으로 삼아
백세토록 달갑게 천지간 나그네가 되었네

浮生營營大夢中、　年去年來走塵陌。
我師拂衣入西山、　身心鍊得生虛白。
雲松爲伍鹿爲群、　百歲甘爲天地客。

■

1) 《장자》〈인간세(人間世)〉에 "방을 열어 비워두면 빛이 들어와 생긴다[虛室生白]"라고 하였다. 방문을 닫아두면 어둡지만, 열어두면 저절로 밝아진다는 뜻이다. 여기서는 사람의 마음이 무념무상(無念無想)에 이르면 스스로 진리에 이를 수 있다는 뜻으로 쓰였다.

황해도로 돌아가는 욱산인을 배웅하다
送昱山人還海西

관문 밖으로 그대를 보내려니
천 산이 겹치고 만 산이 가로막았네
애끓는 원숭이 울음이[1] 밤 늦게까지 들리고
흩날리는 눈송이가 구름 끝에 어두울 테지
날 저물어 서울길은 멀기만 한데
하늘이 높아 기러기 그림자 더욱 추워라
언제나 그대 다시 만나려나
스러지는 저녁 노을을 혼자서 바라보네

關外送君去、　　千山更萬山。
斷猿啼夜後、　　飛雪暗雲端。
日暮神州遠、　　天高雁影寒。
何時重會面、　　獨望夕陽殘。

■

1) 환공(桓公)이 촉(蜀)에 들어가 삼협(三峽) 가운데 이르렀는데, 부하 가운데 어떤 사람이 원숭이 새끼를 잡았다. 그러자 그 어미 원숭이가 강 언덕을 따라 슬프게 울면서 쫓아오다가, 백여 리를 못가서 드디어 배 위로 뛰어내리다가 그만 숨이 끊어졌다. 그 어미 원숭이의 배를 갈라서 그 속을 들여다보니, 창자가 마디마디 끊어져 있었다. 환공이 그 말을 듣고 노하여, 그 사람을 내쫓으라고 명했다. -《세설신어》〈출면(黜免)〉

동화사 상방에서 밤 종소리를 듣다
桐華寺上房聞分夜鐘

속은 비고 겉은 두터운데다 모양은 둥글고 곧은데
치는 대로 소리 내며 세월 이미 깊었네
꿈 속에서 처음엔 호랑이 울음 소린가 놀랐다가
깨어서 다시 들으니 용 울음 소린 줄 알겠네
일찍이 영은사에서 황혼녘에 울리더니
또 한산사에서도 밤중에 소리 내었네[1)]
몇 번이나 사람으로 하여금 깊이 깨닫게 했으려나
지금까지도 바람이 일어 그윽한 숲을 흔드네

中虛外厚形圓直、　隨扣而鳴歲月深。
夢裡初驚聞虎嘯、　醒時更覺聽龍吟。
曾爲靈隱黃昏響、　又作寒山半夜音。
幾度令人發深省、　至今風颺振幽林。

■

1) 당나라 장계(張繼)의 〈숙풍교시(宿楓橋詩)〉에, "고소성 밖에 한산사가 있어, 한밤중 종소리가 나그네 배에 들리네[孤蘇城外寒山寺, 夜半鍾聲到客船]"라고 하였다.

백련사 중에게 주다

贈白蓮僧

아름다운 철을 해마다 나그네 길에서 보내며
고향 꽃길은 꿈 속에서나 지팡이 끌고 거니네
예전 놀던 곳에는 가는 곳마다 꽃과 풀이 있었건만
오늘 가서 본다면 옛 자취 아득할 테지
변방 나그네 시름은 아직도 어지러운데
거울 속 귀밑털은 이미 희끗해라
하늘가에서 아득히 돌아가지 못하고
여기 앉아서 백련사의 종소리만 듣고 있다네

佳節年年客中過、　故山花逕夢携筇。
曾遊到處有芳草、　此日來時迷舊蹤。
塞上羈愁猶亂緖、　鏡中衰鬢已成蓬。
天涯迢遆不歸去、　坐聽白蓮精舍鐘。

바다 건너 일본에 가면서

謹奉洛中諸大宰乞渡海詩

몇 년 동안 잘못 뛰어든 일이 여생에 우스운데
두어 달 동안 장삼 차림으로 서울에 머물게 되었소
시름과 병으로 한스럽게 봄을 보내는데
노래와 읊조림으로 산을 그리워하는 마음 반은 괴로워라
잔 띄워[1] 바다를 건너겠다고 부질없이 말하고 보니
석장 날리며 군사 이야기 잘못한 것이 비로소 부끄러워라
나라 위하는 크고 작은 일들이야 여러 노인들께 달려 있으니
구슬 같은 시 얻어서 동쪽 가는 길을 빛내게 해주소서

年來做錯笑餘生。 數月荷衣滯洛城。
愁病平分送春恨、 歌吟半惱憶山情。
浮杯謾道堪乘海、 飛錫初羞誤說兵。
爲國重輕諸老在、 願承珠唾賁東行。

■

* 원 제목이 길다. 〈삼가 서울에 있는 여러 재상들에게 글을 올려 바다 건너는 시를 청하다.〉

1) 이름을 알 수 없는 진(晉)나라 스님이 늘 나무잔을 띄워 물을 건넜다. 그래서 사람들이 그를 배도화상(杯渡和尙)이라고 불렀다. 자잘한 행실을 닦지는 않았지만, 신통한 힘이 탁월하였다.

호숫가 절에서 벗과 헤어지며

湖寺別故人

이른 아침에 광릉사에서 헤어지고
저녁에 용진강 모래밭에서 자네
종소리가 멀리 절간에서 들려오자
나그네의 돛배 그림자가 시냇가에 비치네
꿈에 친한 벗 찾아 호숫가에 오르자
바람이 맑은 시냇물에 흩어져 밤 물결을 이루네
두견새가 울다 지쳐 날이 새려 하자
긴 둑에 서서 돌아가는 까마귀를 세어보네

平明告別廣陵寺。　暮宿龍津江上沙。
僧磬遠從蓮宇落、　客帆偏映月溪多。
夢尋親友登湖岸、　風散淸流作夜波。
啼盡子規天欲曙、　長堤立望數歸鴉。

응상선자에게 주다

贈應祥禪子 二首

1

장삼인가 아니면 이사던가[1)]
호(胡)니 흑(黑)이니 누구 집 아이인가
본래 진면목이 있는 법인데
어느 곳이 더 아름답고 추하던가

張三或李四、　　胡黑是誰兒。
本來面目在、　　何處醜姸媸。

■

1) 장씨 집 셋째 아들과 이씨 집 넷째 딸인데, 흔하고 평범한 사람을 뜻한다.

행각승에게 주다
贈行脚僧

그대가 강해에서 왔다가
다시 강해로 돌아간다니
강해로 가는 길이 멀고도 먼데
언제 어느 곳에서 다시 만날거나

爾從江海來、　還從江海去。
江海路迢迢、　重逢又何處。

■
* 행각승은 불도를 닦기 위해서 거주지를 정하지 않고 떠돌아다니는 중이다.

기축년에 횡액으로 역옥에 걸리다
己丑橫罹逆獄

아미산[1] 꼭대기의 사슴 한 마리가
사로잡혀 원문[2]까지 내려왔네
그물을 풀어서 돌려보내 주니
천 산 만 나무에 구름뿐일세

峨嵋山頂鹿、　　擒下就轅門。
解網放還去、　　千山萬樹雲。

■

* 기축년(1589) 정여립의 난에 연루되어 강릉 감옥에 잡혔다가, 유생들이 탄원하여 풀려났다.

1) 중국에는 아미산이 많은데, 이백이 삼협(三峽) 도중에서 아미산의 달빛을 보고 읊은 시. 〈아미산월가(峨嵋山月歌)〉가 유명하다. 여기서는 사명당 자신이 머물고 있던 오대산을 가리킨다.

2) 군문(軍門)인데, 여기서는 감영의 문이다.

황해도로 돌아가는 욱산인을 배웅하다
送昱山人還海西

하늘 남쪽 오(吳)·초(楚) 사이를 두루 밟고 다니다가
봄 되자 황해도 산으로 돌아간다니
꽃 지고 새 우는 봄바람 속에서
향로봉에 홀로 앉아 문 닫고 지낼 테지

踏盡天南吳楚間。 逢春還向海西山。
落花啼鳥東風裏、 知子香爐獨掩關。

전라방어사 원장포에게 드리다
奉全羅防禦使元長浦

백 번 싸워 공 이루고 시냇가에서 칼 씻으며
돌아갈 생각 한 마음으로 원서에 이르렀네
백련사 모임[1)]에 그 누가 건장한지 알겠으니
함께 솔문에 기대어 학 울음 소리를 들으세나

百戰功成劒洗谿。　思歸一念到原西。
白蓮社會知誰健、　同倚松門聽鶴啼。

■

1) 진나라 혜원법사가 여산 호계(虎溪) 동림사에 있을 때에 혜영·도생 등의 스님들과 뇌차종·종병·유유민 등의 이름난 선비들이 모여들었다. 모두 123명이 미타불상을 세우고, 서방정토에 가기를 빌었다. 절에다 흰 연꽃을 심었기에 이름을 백련사라고 하였는데, 사령운·도연명 같은 시인들도 모여들었다. 시인들과 사귀기를 즐겼던 사명당 자신의 이야기인 듯하다.

함양을 지나면서
過咸陽

옛 산하가 눈 속에 어제 같은데
우거진 풀 차가운 연기 속에 집은 보이지 않네
새벽 서리 내린 성 밑에 말 멈추고 섰으려니
얼어붙은 구름 마른 나무에서 까마귀만 울고 있네

眼中如昨舊山河。　蔓草寒烟不見家。
立馬早霜城下路、　凍雲枯木有啼鴉。

북망산을 지나면서

過邙山

태화산 앞의 수많은 무덤들이
낙양성 안에 살던 고금의 인물들일세
가여워라 오래 사는 법을 배우지 않고서
부질없이 소나무 아래 티끌이 되었단 말인가

太華山前多少塚、　　洛陽城裏古今人。
可憐不學長生術、　　杳杳空成松下塵。

평양을 지나면서

過西都 三首

1

나라가 망하자 산하에 왕기도 쇠잔해져
천손[1]은 어느 곳 흰 구름 속에 있나
이제는 궁궐 물시계와 가을 종소리도 그쳐
천고에 달 밝고 강물만 차가워라

國破山河王氣殘。　天孫何處白雲間。
只今宮漏秋鐘歇、　千古月明江水寒。

■

1) 이규보가 〈동명왕편〉에서 고구려 시조 동명왕 주몽을 천손이라고 하였다.

채찍을 잡고 저 푸른 하늘 가리키며
주몽이 입으로 긴 탄식을 내뱉었네.
천제의 손자이며 하백의 외손인 이 몸이
난을 피하여 이곳에 이르렀소.
불쌍하고 외로운 이 나의 마음을
하늘과 땅께서 차마 버리시려오.

秉策指彼蒼、　慨然發長喟。
天孫河伯甥、　避難至於此。
哀哀孤子心、　天地其忍棄。

2

청류벽 아래 옛부터 다니던 길이 있어
푸른 풀 저녁 노을 속에 사람들이 오가네
천추에 흥하고 망한 일들을 묻고 싶지만
백운교 가에는 들꽃만 피어 있네

淸流壁下古今路、　青草夕陽人去來。
欲問千秋興廢事、　白雲橋畔野花開。

원장로에게 주다
贈圓長老

바위가에는 구름과 소나무가 있고 바위 아래는 샘이 있어
향 피우고 바리때 씻으며 쓸쓸히 지내네
십 년 동안 향로봉 아래로 내려가지도 않고
돌탑에서 고요히 〈추수편〉[1]을 보고 있네

巖畔雲松巖下泉。 焚香洗鉢過蕭然。
十年不下香爐頂、 石塔靜看秋水篇。

■

1) 《장자》의 제17편 이름인데, 일곱 개의 우화로 이루어져 있다. 벼슬을 얻기보다는 진흙 속에서 꼬리를 끌고 다니는 거북이가 되겠다는 이야기나, 물고기의 즐거움 이야기 등이 실려 있어, 《장자》 가운데서도 명편으로 알려져 있다.

고향에 돌아오다

歸鄕

열다섯에 집을 떠나 서른에 돌아와보니
긴 시냇물은 옛 그대로 서쪽에서 흘러오네
감나무다리 동쪽 언덕에 천 가닥 버드나무는
반나마 산승이 떠난 뒤에 심은 것일세

十五離家三十回。　長川依舊水西來。
柿橋東岸千條柳、　强半山僧去後栽。

임진년 시월에 승병을 거느리고 상원을 건너가다

壬辰十月領義僧渡祥原

시월에 강남[1]으로 의병들이 건너가니
나팔소리와 깃발 그림자가 강성을 뒤흔드네
칼집 속의 보검이 한밤중에 울부짖으니
저 요귀들을 베어서 나랏님 은혜에 보답하려는 뜻이라네

十月湘南渡義兵。　角聲旗影動江城。
匣中寶劍中宵吼、　願斬妖邪報聖明。

■

1) 원문의 "湘南"은 중국 남쪽 동정호(洞庭湖)로 흘러 들어가는 소상강(瀟湘江)의 남쪽이다.

왜적의 진영에 다시 들어가다
再入賊營

외로운 신하가 칼 한 자루로 유사[1]를 건너
길이 부상에 들어가면서 뗏목을 띄웠네[2]
흰 머리로 부질없이 두보의 시나 읊으랴
중원의 장수였던 염파[3]를 생각하네

孤臣一劒渡流沙。　路入扶桑泛海槎。
白首空吟子美句、　中原將帥憶廉頗。

■

1) 서북방의 사막을 가리킨다. 모래가 마치 물처럼 바람에 움직이며, 어느 한 곳에 머물러 있지 않기 때문에 유사(流沙)라고 부른다.
2) 중국 전설에 해마다 팔월이 되면 바닷가에 뗏목이 와서 닿는데, 이 뗏목을 타면 황하의 근원을 거슬러 올라가 은하수에 이른다고 한다.
3) 전국시대 조나라 장수였던 염파의 위엄이 당당하였으므로, 강한 진나라도 감히 넘보지 못하였다. 가토 기요마사[加藤淸正]와의 담판에서 염파 이상의 위엄을 갖추고 그들의 억지 요구를 물리친 사명당 자신의 모습이 부질없이 시나 읊는 시인 두보가 아니라 적국 앞에서 조국을 지켜낸 장수 염파로 그려졌다.

허균에게

贈許生

남의 잘잘못을 말하지 말게나
한갓 이로움 없을 뿐 아니라 재앙까지 불러온다네
만약 입 지키기를 병마개 막듯 한다면[1)]
이것이 바로 몸 편안케 하는 으뜸 방법이라네

休說人之短與長。　非徒無益又招殃。
若能守口如甁去、　此是安身第一方。

■

* 사명당이 친구 허봉의 아우 허균에게 지어준 시이다. 허균이 뒷날 사명당의 비문을 지으면서, "그와 형제같이 사귀었다[弟兄之交]"고 하였다.

1) 주희가 지은 〈경재잠(敬齋箴)〉에, "입 지키기를 병마개 막듯하라[守口如甁]"고 하였다.

도중에서 찬사를 만나다

途中遇贊師

싸리를 깔고[1] 잔디밭에 벌려 앉아서
하늘 높이 부는 바람 속에서 술 한잔을 마시네
다 마시고 나서 멀리 돌아갈 길을 바라보니
푸른 산이 마치 주인 돌아오길 기다리는 듯하네

班荊列坐黃茅地、　　要緊天風酒一杯。
飮罷遙看歸去路、　　靑山如待主人廻。

■

1) 춘추시대 초나라 사람 오거(伍擧)가 진나라로 가다가 정나라 들판에서 성자(聲子)를 만나 싸리[荊]를 깔고 앉아서 초나라로 돌아갈 일을 의논하였다. 여기서는 친구끼리 길에서 만나 회포를 푼다는 뜻으로 쓰였다.

강릉으로 잡혀서 내려오다

擒下江陵

한번 산속에 들어간 뒤 많은 세월이 흘러
올해가 어느 해인지 알지 못하겠네
중이 와서 권선문[1)]을 부탁해 베껴 가니
인간 세상에 이상한 인연 있을 줄이야 그 누가 알았으랴

一入烟霞多歲月、　　　不知今歲是何年。
僧來請寫勸文去、　　　誰料人間有異緣。

■

1) 불도를 믿어 착한 일을 하라고 권하는 글이다. 죄를 지었다고 감옥에 잡혀 들어온 중이 남더러 착한 일을 하라고 권선문을 짓는 것이 이상한 인연이라는 뜻이다.

영운장로에게 주다
贈靈雲長老

천 가지 마와 만 가지 어려움을 헛것처럼 본다면
바로 여울 머리에서 배를 돌리는 것과 같네
금강과 밤송이를 입으로 삼킨 뒤에야
바야흐로 부모가 낳기 전 일을 알 수 있으리라

千魔萬難看如幻、　直似灘頭掇轉船。
呑透金剛幷栗莿、　方知父母未生前。

이빨이 아파서

在馬島客館左車第二牙無故酸痛伏枕呻吟

병든 나그네가 객관에서 이빨이 아파
앉아서 한평생을 생각하니 백 가지 모두 좋지 않았네
머리 깎고 중 되어 늘 길에만 있으니
수염 남겨 세상을 본받아도 집이 없다네[1)]
산수를 즐기는 사업은 아직도 익지 않았고
마음을 보존하는 공부도 채찍질하지 못하였네
진퇴의 두 길을 모두 그르쳤으면서
흰 머리로 무슨 일 하겠다고 또 배를 탔는가

■

* 원 제목이 길다. 〈대마도 객관에서 왼쪽 둘째 이빨이 까닭도 없이 시리고 아파 베개에 엎드려 신음하다.〉 이 시부터는 《사명당대사집》 권7에 실려 있는데, 〈생령(生靈)을 구제하기 위하여 어명을 받들고 바다를 건너 일본에 갔을 때에 지은 잡체시(雜體詩)〉라는 큰 제목이 덧붙어 있다. 왜란 중에 잡혀간 포로들을 찾으러 일본에 다녀오면서 지은 시들이다.

1) "머리를 깎은 것은 이 세상을 피하기 위함이고/ 수염을 남긴 것은 장부임을 나타낸 것일세[削髮避當世, 留鬚表丈夫]"라는 시가 매월당 김시습의 이름으로 세상 사람들에게 널리 알려졌는데, 이는 원나라 한림학사 명천연(明天淵)의 시, "머리를 깎은 것은 번뇌를 없애기 위함이요, 수염을 남긴 것은 장부를 나타내기 위한 것일세[削髮除煩惱, 留鬚表丈夫]"와 비슷한 구절이다.

病局賓館痛生牙。　　坐筭平生百不嘉。
剃髮作僧長在路、　　留鬚效世且無家。
烟霞事業生難熟、　　存省工夫策未加。
進退兩途俱錯了、　　白頭何事又乘槎。

도쿠가와 이에야스의 맏아들이 선학에 뜻이 있어 말을 재삼 부탁하므로 지어 보이다

家康長子有意禪學求語再勸仍示之

저 커다란 하늘은 무진장이어서
적지(寂知)[1]는 냄새도 없고 또 소리도 없네
이제 말을 들었는데 무엇을 번거롭게 묻나
구름은 푸른 하늘에 있고 물은 병 속에 있다네[2]

一大空間無盡藏、　寂知無臭又無聲。
只今聽說何煩問、　雲在青天水在瓶。

■

* 도쿠가와 이에야스[德川家康 : 1542~1616]는 에도 막부[江戶幕府]의 초대 쇼군[將軍]이다.

1) 선가(禪家)에서 쓰는 용어인데, 적(寂)하면서 아는 것이다.

2) 약산화상이 불법을 설명하면서, "구름은 푸른 하늘에 있고 물은 병에 있다"고 말하였다. 이 말을 그대로 가져다 쓴 것이다.

쓰시마 청학동에서 놀다
遊馬島青鶴洞

유한한 인생으로 무한한 것을 따르려니
세상일 어려워서 백 가지 모두 뜻대로 되지 않네
어제 소년이다가 이제는 백발 되어
물 속에 비치는 못난 내 모습이 부끄러워라

有涯生是逐無涯。　世事艱危百不諧。
昨日少年今白首、　清流羞映醜形骸。

히데요시가 사람 죽이기를 좋아했다기에

仙巢與數倭僧說稱秀吉好殺人聞見畏之家康好不殺人皆服之且秀賴存亡未可知矣聞而以一絶示之

남의 아비 죽이고 남의 형을 죽였으니
남도 또한 네 형을 죽였으리라
어찌하여 네게로 돌아오는 것은 생각지도 않고
남의 아비 죽이고 남의 형을 죽였나

殺人之父殺人兄。 人亦還應殺爾兄。
何乃不思反乎爾、 殺人之父殺人兄。

■

* 원 제목이 무척 길다. 〈겐소(玄蘇)[1]가 왜승 몇 사람과 더불어 말하기를, "(도요토미) 히데요시가 사람 죽이기를 좋아하므로 (그 죽이는 것을) 듣고 보는 자가 그를 두려워하였고, (도쿠가와) 이에야스는 사람 죽이기를 좋아하지 않으므로 사람들이 모두 그에게 복종하였다" 하였으며, 또 "(도요토미) 히데요리(秀賴)는 존망을 알 수가 없다"고 하였다. 이 말을 듣고 절구 한 수를 지어 그들에게 보였다.〉

1) 게이테쓰 겐소(景轍玄蘇, ?-1612)는 일본 하카다[博多] 성복사(聖福寺)의 승려로, 도요토미 히데요시의 부름을 받고 그 수하로 활동하였다. 1588년부터 조선에 드나들며 일본과 조선의 통신사 왕래를 요청하였고, 1590년에 황윤길, 김성일, 허성이 통신사로 일본을 방문할 때에 수행하였다. 임진왜란 때는 고니시의 군대를 따라 다녔으며, 강화회담에 참여하였다.

소요당(逍遙堂) 태능(太能)

소요당(1562-1649)의 법명은 태능이고, 속성은 오씨이며, 소요당은 대사의 당호이다. 열세살 때에 백양사에 놀러갔다가 세속 밖의 경지를 보고 곧 출가하기로 결심하였으며, 의진대사(依眞大師)에게 머리를 깎았다. 그뒤 속리산과 해인사에서 많은 제자들을 가르치던 부휴대사에게 배웠는데, 많은 제자 가운데 운곡(雲谷)·송월(松月)과 대사를 법문의 삼걸이라고 하였다. 그뒤 묘향산으로 가서 서산대사에게 선지(禪旨)를 깨닫자, 서산대사가 곧 의발(衣鉢)을 전하였다. 당시 나이 스물이었다. 임진왜란이 일어나자 승군을 이끌고 참전하였으며, 병자년에 어명을 받고 남한산성을 쌓았다.

대사가 입적한 지 150여 년이 지난 뒤에 6대 법손인 춘담(春潭)이 스승의 글을 모아 《소요당집》을 간행하였는데, 200여 수의 시가 실려 있다.

화답을 구하는 수일에게

賽一禪和之求 五首

1

늙어갈수록 사람들이 천하게 여기고
병들자 친하던 이들도 멀어지네
평생 지녔던 은혜와 의리가
이제 와보니 모두 헛되게 되었구나

老去人之賤、　　　病來親也疎。
平生恩與義、　　　到此盡歸虛。

2

그림자 없는 나무 한 그루를
불 속에 옮겨다 심었더니
봄날에 비가 오지 않아도
붉은 꽃이 흐드러지게 피었구나

一株無影木、　　　移就火中栽。
不假三春雨、　　　紅花爛漫開。

■

* (원주) 이름은 수일(守一)이고, 호는 제월(霽月)이다(대사의 제자이다).

** (원주) 병술년(1646) 8월 15일에 지었다.

*** 이 시는 서산대사가 소요당에게 준 게송인데, 대사가 구절의 순서만 바꿔서 다시 제자 제월에게 주었다.

3

밤과 낮은 하늘이 열리고 닫히는 거고
봄과 가을은 땅이 죽고 사는 것일세
기묘하여라 저 한 물건이
항상 커다란 광명을 내쏟다니

晝夜天開閤、　　春秋地死生。
奇哉這一物、　　常放大光明。

5

우습구나 소를 탄 사람이
소 등에 타고서 다시 소를 찾다니
그림자 없는 나무를 베어서
물 속 거품을 다 태워버리네

可笑騎牛子、　　騎牛更覓牛。
斫來無影樹、　　銷盡海中漚。

연곡사 향각에 쓰다

題燕谷寺香閣 二首

백천의 경전이 손가락 같아서
손가락 따라 하늘에 있는 달을 보네
달 지고 손가락 잊어도 아무런 일이 없으니
배 고프면 밥 먹고 피곤하면 자네

百千經卷如標指、　因指當觀月在天。
月落指忘無一事、　飢來喫飯困來眠。

영의정 박순이 부르는 운에 맞춰서
朴領相淳呼韻

강남 백양사에 높직이 누워서
달 아래 잔잔히 흐르는 시냇물소리를 듣노라니
계수나무 달그늘 속 반쯤 닫힌 문으로
지팡이 하나가 푸른 구름 사이에서 찾아왔네

湘南高臥白羊山。　　静聽寒溪月下潺。
丹桂陰中門半掩、　　一節來自碧雲間。

한장로의 시에 차운하다
次閑長老韻

나그네 시름이 많아 잠 못 이루는데
뜨락에 비바람 쳐 하룻밤이 한 해 같네
마음속 품은 한을 물어줄 사람도 없어
새벽 알리는 차가운 종소리만 앉아서 듣네

客思悠悠獨不眠。　一庭風雨夜如年。
無人問我心中恨、　坐聽寒鍾報曉天。

능허자와 헤어지며
別凌虛子

떠나는 정 보내는 마음 다같이 쓸쓸해
봄 저무는 강남이 더욱 아득해라
산새는 이 마음 아지도 못하고
해 기우는 숲 너머에서 우릴 보고 우네

離情羈思共悽悽、　春盡江南意轉迷。
山鳥不知多少恨、　隔林斜日向人啼。

산 속에서 회포를 읊다

山中咏懷 二首

2

서울 거리에 붉은 티끌이 한 자나 깊어
그 많은 벼슬아치들이 떴다 잠겼다 하네
그 누가 알랴 흰 구름 덮힌 산골짜기를
가난한 중에게 주어 만금이나 누리게 한 것을

紫陌紅塵尺許深。　幾多遊宦客浮沈。
誰知一片白雲壑、　天付貧僧直萬金。

의현법사에게 주다
賽義玄法師 二首

1
삼라만상은 결국 꿈으로 돌아가니
새도 하늘을 날면서 자취를 남기지 않네
허공은 몸 숨길 곳이 못되니
비바람에 시달리는 저 소나무를 보게나

森羅萬象同歸幻、　鳥過長空覓沒蹤。
虛空不是藏身處、　看取風前帶雨松。

가을밤에 우연히 읊다

秋夜偶吟

철은 바뀌어도 달빛은 흐르네
동방의 이 영산만 비춘다 말하지 마소
한 가닥 시냇물소리도 영원한 설법이니
이 강산 어느 곳인들 도량이 아니랴

寒暑相更放大光。 莫言靈嶽照東方。
一條溪舌帶宣說、 何處江山不道場。

계우법사에게 보이다
示繼雨法師 二首

1

불 속에 붉은 연꽃이 피어 낡은 옷에 떨어지니
나무하는 아이가 주워서 광주리 가득 담아 돌아오네
옛 가락에 곡조 없으니 그 누가 화답하랴만
시냇가 석녀가 빙그레 웃는구나

火裡紅蓮落故衣。　木童收拾滿筐歸。
古曲無音誰敢和、　溪邊石女笑微微。

나의 죽음을 슬퍼하다
自挽 八首

1
동국 삼산에 한 태능이란 자가 있었지만
나이 아흔이 되도록 온갖 일에 무능했네
그러긴 해도 종문에 넓게 눈을 떠서
한 손으로 살리고 죽이는 능력을 온전히 쥐었네

東國三山一太能。　年登九十百無能。
雖然開豁宗門眼、　隻手全提殺活能。

제목없이

無題 十八首

5

대지와 산하 이것이 바로 내 집이니
어디에 가서 다시 고향집을 찾으려 하나
산을 보다가 갈 길을 잃은 미친 나그네
해 질 때까지 가고 또 가도 집에 못 가네

大地山河是我家。　更於何處覓鄉家。
見山忘道狂迷客、　終日行行不到家。

제목없이
無題 十五首

2

뜨락에 비 내리자 꽃은 웃고
난간 밖에 바람 불자 소나무는 우네
어찌 반드시 오묘한 진리를 찾나
이게 바로 두루 통하는 깨달음이라네

花笑階前雨、　松鳴檻外風。
何須窮妙旨、　這箇是圓通。

임종게
臨終偈

해탈이 해탈 아니니
열반이 어찌 고향이랴
터럭도 불어서 베는 칼빛 번쩍이자
혀끝으로 칼날을 범하였네

解脫非解脫、　　涅槃豈故鄕。
吹毛光爍爍、　　口舌犯鋒鋩。

중관대사(中觀大師) 해안(海眼)

중관대사의 법명은 해안이고, 중관은 그의 호이다. 속성은 오씨인데, 자세한 행적이 알려져 있지 않다. 어려서 외삼촌 처영(處英)에게 맡겨져 글을 배웠는데, 서산대사의 제자였던 처영의 영향을 받아 스스로 머리를 깎았다. 임진왜란 중에는 서산대사 휘하에서 승병을 통솔하였다. 《중관대사유고》에 시가 130여 편, 문이 21편 전하고 있다.

계곡 장유가 금산사 장육존상을 읊은 시에 차운하다

次張谿谷維金山丈六殿韻 二首

2

석가모니 씨는
천백억 가지로 응화하시는 몸이니
나고 죽음이 이미 사라진 지 오래인데
적막하게 전란의 풍진을 따르랴
범은 차가운 바위 달빛 속에서 울부짖고
용은 마른 나무 봄빛 속에서 울부짖는데
남아 있는 향기가 웃음 속에 들리니
기원정사 급고독원에 계시는 분이시네

釋迦牟尼氏、　千百億化身。
生滅滅已久、　寂寞隨兵塵。
虎嘯寒嵓月、　龍吟枯木春。
餘香聞笑語、　祇樹給孤人。

■

* 장유가 왜란 중에 불타버린 금산사 장육존상을 보고, 누가 시주하여 복원하기를 염원하는 시를 지었다. 그러자 대사가 범이나 용의 울부짖음 속에서도 부처님의 외침을 들을 수 있으며, 천백억 가지로 응화하여 이미 나고 죽는 것을 초탈한 분이니, 장육존상이 전란 중에 불타버렸다고 해서 적막해진 것은 아니라고 화답하였다.

금강산 미륵봉 향로암에서 청허대사를 뵙다
金剛山彌勒峯香爐庵拜淸虛大師 二首

1

풍진 세상의 바다와 호수에서 십 년 떠돌던 지팡이로
봉래산 제일봉에 찾아와 두드리니
사자의 울부짖음[1)]에도 별다른 곡조 없어
푸른 산 흐르는 물소리가 저절로 거문고 되었네

風塵湖海十年笻。　來打蓬萊第一峯。
獅子聲中無別曲、　靑山流水自琴工。

■

1) 《유마경》에 "법을 연설하는데 두려움이 없어 사자의 울부짖음과 같고, 그 강설하는 것이 벽력 같았다"고 하였다. 부처님 말씀을 뜻한다. 여기서는 노스님의 사자후보다도 푸른 산이나 흐르는 물에서 더 큰 가르침을 받았다는 뜻이다.

《남화경》을 읽고 느낌을 쓰다

讀南華經有感

나에게 깃을 주면 넓은 하늘에 솟아 날고
비늘을 주면 백 길 못 속에 잠기겠네[1)]
우스워라 꿈 속에서 꿈꾸는 장자는[2)]
제 몸이 용광로 속에 있는 줄 아지도 못하네

假我生羽戾長天。 任他鱗潛百丈淵。
堪笑夢中占夢者、 不知身在鑄爐邊。

■

1) 《시경》에 "솔개는 하늘에 날고, 고기는 연못에 뛰네[鳶飛戾天. 魚躍于淵]"라고 하였다. 여기서는 꿈을 이야기한 것이다.
2) 《장자》〈제물(齊物)〉편에서 장자 자신이 꿈 속에 나비가 된 이야기가 나오는데, 중관대사는 이 시에서 그 이야기 자체가 부질없는 꿈이라고 하였다. 《장자》를 《남화경》이라고도 하였다.

무지한 행각승에게 주다

贈無知行脚僧 二首

2

장님·귀머거리·벙어리가 각기 있을 때에
밝은 달과 맑은 바람이 누구를 향해 말하랴
허수아비가 빙그레 웃는다면
그대에게도 알아주는 자[1]가 있다고 말할 수 있으리라

盲聾瘂者各居時。　　明月淸風說向誰。
直到木人開口笑、　　許君還有一鍾期。

■

1) 종기(鍾期)는 백아의 거문고소리를 알아주었던 종자기를 가리킨다.

서로 의심하지 말진저
莫相疑行

물고기가 아니면 물고기의 즐거움을 아지 못하네[1)]
그대도 또한 내가 아니니 말하는 자는 누구인가
천만리 긴 강이 저절로 있으니
물고기와 나는 상을 잊고서 서로 의심하지 말진저

非魚魚樂本無知。　君亦非吾辯者誰。
自有長江千萬里、　相忘魚我莫相疑。

■

1) 장자가 혜자(惠子)와 함께 호수(濠水)의 다리 위에서 거닐다가 말하였다. "피라미가 나와서 유유히 헤엄치고 있군. 이게 바로 피라미의 즐거움일 테지." 그러자 혜자가 말하였다. "자네는 물고기도 아니면서 어찌 물고기의 즐거움을 아는가?" 《장자》 제17편 〈추수(秋水)〉

산에 사는 가을 흥취
山居秋興

두류산 천만 봉우리에 가을이 가득해
사람들이 붉은 비단에 싸여서 사네
아이더러 문 열고 내다보게 했더니
산 속의 부자가 되었다고 외치네

秋滿頭流千萬峯。 人居紅錦紫羅中。
儘教童子開門看、 喚作山家富貴翁。

선을 말하는 사람을 비웃다
戱人言禪

어린 시절에는 하늘가의 달을 몰라
우리집 백옥쟁반이라고 불렀었지[1)]
늙어서 이 몸을 북두성에 숨기려 했지만
남쪽 하늘 바라보는 나를 옆사람이 비웃네

少時不識天邊月、　呼作吾家白玉盤。
老欲此身藏北斗、　傍人笑我面南看。

■
1) 이백의 시 〈고낭월행(古朗月行)〉에, "소년은 달을 아지 못해/ 백옥쟁반이라고 부르네[少年不識月, 呼作白玉盤]"라고 하였다.

용문산에서 한가롭게 머물며

龍門閑居 二首

1

거미가 그물 짜듯 헛되게 애쓰니
산승의 하는 짓이 가소롭구나
돌난간에 높이 누워 부처님께 기대니
꽃가지에 오른 새가 외마디 울음 우네

蜘蛛結網徒勞想、　可笑山僧亦有爲。
高臥石欄依本覺、　一聲啼鳥上花枝。

2

산 앞에 바람 불자 마음이 나무를 흔들고
하늘 끝에 구름이 날자 본성에 먼지가 이네
허공인 것을 깨달아 큰 깨달음을 얻었으니
장부가 이 세상에서 무엇을 친히 할까

山前風動心搖樹、　天末雲飛性起塵。
坐覺虛空生大覺、　丈夫於世孰爲親。

편양당(鞭羊堂) 언기(彦機)

편양당(1581-1664)의 법명은 언기이고, 속성은 장씨이며, 편양은 그의 당호다. 어려서 현빈대사(玄賓大師)에게 나아가 구족계를 받았으며, 장성한 뒤에 서산대사에게 나아가 심법을 전수받았다. 금강산과 묘향산에 주로 머물며 당을 열어, 선과 교를 아울러 많은 제자들에게 불법을 전하였다. 다비한 뒤에 사리 다섯 알을 얻어 보현사 남쪽에 석종을 세우고 모셨다. 《편양당집》 3권이 전하는데, 권1에 시 92수가 실려 있다.

산 속에서 우연히 읊다
山中偶吟

평생 범종소리를 사랑해
구름과 솔 사이에 누워서 늙어가네
불경을 논하는 친구들도 많고
사람들은 달 속의 봉우리라고 말하네

平生愛梵鍾、　垂老臥雲松。
論經多法侶、　人語月中峯。

해욱선사에게 지어주다
贈海旭禪子

인생은 지나가는 새 같건만
장삼 입은 불자들까지 세월을 아쉬워하네
이제 고향으로 가더라도
예전 불심을 잊지는 마소

人生如過鳥、 衲子惜光陰。
此去鄕關路、 無忘古佛心。

선객 인연경에게 보이다
奉示安禪蓮卿詩

금빛 가을 하늘의 달이
빛도 밝게 시방을 비추네
중생들 마음 물 맑은 곳에
곳곳마다 청정한 빛이 내려앉네

金色秋天月、　光明照十方。
衆生心水淨、　處處落淸光。

영사의 시에 차운하다
次英師

예전 봉래산에 있던 날
스님이 이 마음을 가진 줄 알았소
십 년 동안 서로 생각한 뜻을
달 속의 거문고로 튕겨보세나

昔在蓬萊日、　　知師有此心。
十年相憶意、　　彈出月中琴。

동림의 시에 차운하다

次東林韻

구름이 달려도 하늘은 움직이지 않고
배가 가도 언덕은 옮겨가지 않네
본시 한 물건도 없었으니
즐거움과 슬픔이 어디서 일어나나

雲走天無動、 舟行岸不移。
本是無一物、 何處起歡悲。

윤순찰사에게 화답하다

答尹巡使

공자[1)]의 가르침을 배우지 않았으니
어찌 노자[2)]의 현묘함을 들었으랴
일찍이 서산의 방에 들어와
오직 육조의 선을 전수받았네

不學宣王敎、　　寧聞柱史玄。
早入西山室、　　唯傳六祖禪。

■

1) 당나라 현종이 개원 27년(739)에 공자에게 문선왕(文宣王)이라는 시호를 추증하였다.
2) 주사(柱史)는 주나라 장서실(藏書室)을 책임맡은 주하사(柱下史)의 준말인데, 노자가 일찍이 이 벼슬을 맡았었다.

우연히 절구 한 수를 읊다
偶吟一絶

구름 끝에 천 겹 산이 쌓이고
난간 너머에 한 줄기 시내가 소리치네
열흘 잇달아 내린 비가 아니었다면
비 개인 뒤 맑은 하늘을 어찌 알았으랴

雲邊千疊嶂、　　　　檻外一聲川。
若不連旬雨、　　　　那知霽後天。

박장원의 시에 차운하다

次朴上舍長遠韻

속세에서 멀리 떨어진 사립문을 온 산이 감싸안았는데
숲길에는 사람도 없이 눈빛만 깊어가네
어찌된 유정한 물건이 하늘에 있어
밤 사이 밝은 달빛이 혼자 창을 엿보네

柴門逈世擁千岑、　林逕無人雪色深。
何物有情天上在、　夜來明月獨窺尋。

뜨락의 꽃
庭花

비 내린 뒤 뜨락의 꽃이 밤새 잇달아 피어
맑은 향내가 흩어져 새벽 창가에 스며드네
꽃은 생각이 있어 사람 보고 웃건만
선방에 가득한 스님들은 헛되이 봄을 보내네

雨後庭花連夜發、　清香散入曉窓新。
花應有意向人笑、　滿院禪僧空度春。

신처사에게 보이다
奉示申處士

봉래산에서 도 물을 때에 도가 둘이 아니었고
묘향산에서 다시 만났을 때에도 오직 이 마음뿐이었지
날 저물어 사립문에서 배웅할 때에
산에 가득한 소나무 회나무가 바람에 거문고소리를 내네

蓬萊問道道無二、　香嶽重逢只此心。
日暮柴門相送處、　滿山松檜起風琴。

취미대사(翠微大師) 수초(守初)

취미대사(1590-1668)의 법명은 수초이고, 자는 태혼(太昏) 또는 태일(太一)이며, 취미는 호이다. 속성은 성씨인데, 사육신 성삼문의 방손이다. 열세살 때 꿈 속에 한 스님이 나타나 "왜 이리 늦게 오느냐?"고 꾸짖는 소리를 세 번 듣고, 밤에 성을 넘어 출가하였다. 설악산 경헌(敬軒) 장로에게서 머리를 깎고, 열여섯살 때에 두류산으로 가서 부휴대사를 모셨다. 그뒤 서울로 돌아가 유가의 사대부들과 사귀면서, 유교 경전을 토론하고 시문을 주고받았다. 마흔 되던 해에 옥천 영취사에서 개당하니 배우려는 자가 구름처럼 몰려들었으며, 그뒤 가는 곳마다 제자들이 몰려들었다. 쉰다섯에 진주목사 이소한의 부탁을 받고 칠불암으로 옮기자, 문도가 삼백을 넘었다. 그뒤 대사가 옮기는 곳마다 지방 수령과 사대부들이 찾아와 불도와 문장을 논하였다.

6월 18일에 목욕하고 옷을 갈아입은 뒤 대중들에게, "아침에 길 떠나 저녁이 되면 쉬는 법이다. 늘 가기만 하고 쉬지 않는 자는 아직까지 없었다. 나도 쉬려 하니, 너희는 각자 제 마음을 믿고 부질없이 밖으로 내닫지 말라"는 말을 남긴 뒤에 입적하였다. 《취미대사시집》에 시 155편이 남아 있다.

산에 살다

山居

산이 나를 불러 머무르게 하지 않았고
나도 또한 산을 모르네
산과 내가 서로 잊은 곳
이곳에 바야흐로 별다른 한가로움이 있구나

山非招我住、　　我亦不知山。
山我相忘處、　　方爲別有閑。

개인 봄날

春晴

가랑비가 밤새 산에 흩날리더니
온갖 꽃들이 흐드러지게 피었네
훈훈한 바람이 먼 숲에서 불어와
그윽한 향기가 골짜기 가득 흩어지네

微雨夜飛山。　百花開爛熳。
好風吹遠林、　滿壑幽香散。

의호상인과 헤어지며
別義浩上人

멀리 헤어지느라 소매 놓기가 아쉬워
시냇가 이르도록 넋을 잃었네
학성 비 속에 꽃은 밝게 빛나고
문양 봄날에 버들은 푸르네
꽃다운 풀 속에 홀로 돌아가려니
흰 구름 천 리에 아득키만 해라
평생에 눈물 흘리지 않았건만
여기서 갑자기 수건을 적시네

遠別惜分袂、　臨溪傷我神。
花明鶴城雨、　柳綠文陽春。
芳草獨歸客、　白雲千里身。
平生不下淚、　於此忽霑巾。

지경상인을 보내면서

送志瓊上人

죽고 살기를 같이 뜻했던 벗들이
왜 이리 갑자기 두 마을로 갈리나
헤어지는 정자에서 소매 잡고 섰노라니
시름에 끌려 인사말도 더디구나
살구꽃은 눈 되어 흩날리고
산 비는 실처럼 가늘게 내리네
도착하는 날 휴공이 물으면
쇠잔한 모습이 옛날과 다르다 말하소

死生同志友、　何遽兩鄉期。
把袖離亭立、　牽愁別語遲。
杏花飛作雪、　山雨細成絲。
到日休公問、　衰容異昔時。

임처사의 그윽한 집에서 짓다
題林處士幽居

이곳을 은신처로 삼으니
사람들이 때때로 도인이라 부르네
술 마시면 시가 더욱 묘해지고
거문고까지 타면 흥이 참다워지네
약초를 캐느라 산골짜기 꿰뚫고 다니다
꽃을 옮겨 놓고 앉아서 봄을 즐기네
이만하면 늙을 때까지
홍진 세상을 그릴 뜻 없겠네

已卜藏身處、　時稱有道人。
酒中詩轉玅、　琴上興方眞。
採藥行穿峽、　移花坐賞春。
因玆得終老、　無意軟紅塵。

산 절에 노닐다
遊山寺

골짜기에 들어와 대숲을 뚫고 걷다가
다락에 올라 앉아서 시름을 달래네
창문으로 소나무 푸른빛이 스며들고
처마에서 떨어진 물이 돌 틈으로 차갑게 흐르네
꾀꼬리 노래가 아름답게 여름을 맞이하고
맑은 햇살이 서늘해 가을인가 의아해지네
시내와 산이 저렇듯 아름답건만
사람들은 머리를 돌리지 않네

入谷行穿竹、　　登樓坐遣愁。
戶侵松晩翠、　　簷落石寒流。
鶯語嬌迎夏、　　晴光爽訝秋。
溪山如許美、　　人自不回頭。

월저대사(月渚大師) 도안(道安)

월저대사(1638-1709)의 법명은 도안이고, 속성은 유씨(劉氏)이며, 월저는 당호이다. 열두살에 출가하여 소종산의 천신(天信)에게 수계하였으며, 금강산에 가서 풍담에게 20년 동안 배워 의발을 전수받았으니, 월저대사가 편양대사에게는 법손이 된다. 현종 5년(1664)에 묘향산으로 가서 법당을 세우고 대중을 교화하니, 불자들이 구름처럼 모여들어 배웠다고 한다. 《월저당대사집》 상·하권이 묘향산 내원암에서 간행되었는데, 상권에 시 195편과 잡저 12편이 실려 있다.

참의 권중경의 시에 차운하다
次權參議重經韻

바람이 오면 구름도 따라오고
바람이 가면 구름도 따라가네
구름은 바람 따라 오가니
바람이 그치면 구름은 어디에 있나

風來雲逐來、　　風去雲隨去。
雲從風去來、　　風息雲何處。

■
* 권 참의가 보내왔던 원시는 아래와 같다.

스님이 흰 구름 따라왔다가
흰 구름 보며 돌아가네
흰 구름은 정처가 없으니
내일은 어느 곳에 있으려나

僧自白雲來、　　還向白雲去。
白雲無定居、　　明日又何處。

성일의 죽음에 곡하다

哭性一

어제는 분명히 있었는데
오늘 아침에 어디로 갔나
하늘에게 물으니 하늘은 푸르기만 해
몇 번이나 머리를 들어 푸른 하늘 바라보았네

昨日分明在、　今朝何處去。
問天天蒼蒼、　蒼蒼首幾擧。

내 뜻을 말하다
寓意

우주 안의 백 년 나그네
베갯머리의 천릿길 중
하늘의 산과 땅의 물
마음대로 다니니 기상이 등등해라

宇內百年客、　枕邊千里僧。
天山與地水、　隨意任騰騰。

〈용호도〉를 보고
題龍虎圖

범은 깊은 산 속에 엎드려 있고
용은 큰 바다 속에 잠겨 있지만
풍운의 변화를 만나면
푸른 하늘로 날아오른다네

虎伏深山裡、　龍潛大海中。
得遇風雲變、　飛騰上碧天。

묘향산에서 우연히 읊다

香山偶吟

묘향산 아래 오두막집
누가 그대를 알아주랴
몸은 구름에 싸여 숨었고
달빛이 들면 꿈에 잠기네
발 닿는 대로 걸으면 원숭이가 친구 되고
선정에 들면 학이 나를 깨우네
분향과 예배 말고는
아침 저녁으로 다른 일이 없네

窠臼香山底、 何人識得渠。
雲藏身不露、 月入夢初除。
履踐猿爲伴、 修持鶴起余。
焚香與禮拜、 晨夕更無餘。

집도 없이 곳곳이 산일세

無家處處山

큰 강물[1] 물결이 만 리 산에서 나오니
물병과 신발 가벼운 차림으로 백 년이 한가로워라
둥지 벗어나 날아가는 새를 누가 붙잡으랴
초나라와 월나라 강수와 회수를 몇 번이나 오갔네

四瀆烟波萬里山。 一身瓶屨百年閒。
出籠飛鳥人誰縶、 楚越江淮幾往還。

■

1) 사독(四瀆)은 중국의 4대강을 말하는데, 모두 큰 산에서 흘러나와 몇만 리를 이어지며 바다로 들어간다. 강(江 : 양자강)·하(河 : 황하)·회(淮 : 회수)·제(濟 : 제수) 등이다.

설암선사(雪巖禪師) 추붕(秋鵬)

설암선사(1651-1706)의 법명은 추붕이고, 속성은 김씨이며, 설암은 선사의 호다. 열살 때 원주 법흥사에서 머리를 깎았고, 벽계선사에게 배웠다. 그뒤 십여 년 동안 월저대사에게 배워 선·교를 모두 졸업하였다.《설암잡저》권1·2·3에 시문 236편이 실려 있고,《설암선사난고(雪巖禪師亂藁)》에는 시만 329편이 실려 있다.

朝鮮時代
僧侶 漢詩選

초당에서

草堂 二首

속세일망정 함께 노닐려고
초당에 한가롭게 누웠네
저녁 무렵에 사립문을 열자
저녁 노을이 꽃보다 더 붉네

塵世肯同遊、　草堂閑獨臥。
柴扉向夕開、　落照紅於花。

한씨 선비를 찾아가다
訪韓生

고아한 선비를 찾아갔더니
한가롭던 문을 나 위해 열어주었네
아이를 불러 술 거르라 재촉하더니
담뱃대에다 불까지 붙여 건네주었네

高士因人訪、　　閑門爲我開。
呼我催壓酒、　　南草火將來。

깊은 골짜기
深谷

맑은 샘물이 돌이빨을 울리고
가을 햇살이 산눈썹을 비추네
골이 깊어 다니기 힘들기에
등나무 한 가지를 조심스럽게 의지하네

淸泉鳴石齒、　　秋日照山眉。
谷邃行難遍、　　愁倚一藤枝。

청계 이군수에게 화답하다
奉淸溪李使君 五首

1

사또께서 팔꿈치 베고 낮잠을 달게 즐기시니
쌀 닷말[1] 살림으로도 만족하신 걸세
이제 알겠구나 사또께서는 고상한 선비라서
맑고 한가로운 그 재미가 중보다도 담담하다네

鈴閣甘眠午枕肱。　生涯五斗計無應。
知是使君高尙士、　淸閑滋味淡於僧。

■

1) 《진서(晉書)》〈도잠전(陶潛傳)〉에 의하면, 도연명이 "쌀 닷말 녹봉 때문에 허리를 굽히고 향리의 소인 앞에 나아갈 수 없다"고 하였다.

그윽한 곳에 살다
幽居

그윽한 곳에 사느라 일이 없어 오가는 이도 적고
마음내키는 대로 일어나고 앉으며 성령을 기르네
열매를 따러 숲을 헤치며 들어가자 가을 이슬이 떨어지고
차를 달이는 계수나무 불길에선 저녁 연기가 일어나네
들판의 물이 못에 이어져 오리들이 모여들고
산 구름이 뜰에 눕자 사슴이 찾아드네
생장소멸하는 자연의 이치를 고요한 가운데 살피노라니
온갖 만물이 저절로 나서 자라는구나

幽居無事少逢迎。　起坐偏宜養性靈。
摘果穿林秋露滴、　煉茶然桂暮烟生。
池通野水鳧來集、　庭枕山雲鹿入行。
靜裡遍觀消長理、　芸芸庶物自生成。

보영스님에게 주다
贈寶瑛師

스님이 시끄럽지 않은 곳을 사랑해
향로봉 가장 높은 곳에 사시네
구름 속에서 조느라 학의 버릇을 익혔고
사슴을 벗삼으니 찾아오는 이도 드물구나
달빛은 가을 서리를 품어 싸늘하고
바람은 거울 같은 물을 감싸안고도 텅 비었네
스님 자리에 나아갈 인연은 언제쯤인지
맑고 고요한 가운데 진여를 말할 수 있으려나

師愛無喧地、　香峯最上居。
眠雲調鶴慣、　友鹿訪人踈。
月抱秋霜凛、　風襟水鏡虛。
何緣投梵席、　淸淨話眞如。

민교리에게 주다
寄閔校理

몇 년이나 길게 그대와 헤어져 있어
쓸쓸한 선방의 문을 저녁 노을에 닫아 두었네
길이 멀어 편지 드물다고 원망하지 말게나
산이 높아도 꿈길은 막히지 않는다네
강가 단풍나무는 가을 서리를 띠어 붉고
들국화는 새벽 이슬 맞아 싱그러워라
그대를 멀리 생각하노니 북쪽 창 맑은 바람 아래서
길건으로 술 거르며 시름도 씻어내겠지

幾年長與故人違。 寂寂禪扉掩夕暉。
路遠莫嫌書信少、 山高不礙夢魂飛。
江楓暗帶秋霜赧、 野菊新隨曉露菲。
遙想淸風北窓下、 呼巾漉酒滌愁機。

기다려도 오지를 않다

期不至

어디서 노니느라고 아직도 못 오나
빈 산에 홀로 밤 지새며 절 문을 닫았네
쓸쓸한 등불 그림자 속에 넋이 흩어지고
차가운 빗소리 속에 꿈도 또한 드물어라
창 앞에서 우는 벌레소리 속에 한 해도 저물어 가는데
바람결 높이 반딧불이 주렴을 차고 나르네
외로움을 참지 못하고 그리워 눈물 흘리는데
가을 기운은 왜 이리 옷 속으로 스며드나

何處盤遊尙未歸。 空山獨夜掩禪扉。
踈燈影裡魂猶散、 寒雨聲中夢亦稀。
歲晩蟲音當戶咽、 風高螢火撲簾飛。
孤懷難制相思淚、 秋氣如何故襲衣。

초의선사(艸衣禪師) 의순(意恂)

초의선사(1786-1866)의 법명은 의순이고, 속성은 장(張)씨이며, 초의는 선사의 호이다. 나주 삼향 사람인데 열다섯살 때에 남평 운흥사 벽봉 스님에게서 중이 되었다. 열아홉살 때에 월출산에 올랐다가 마음이 트여서 완호 스님의 법을 이었다. 여러 산에 돌아다녔으며, 이름난 선비들과도 사귀었다. 뒤에 두륜산에 일지암(一枝庵)을 짓고 40년 동안 지관(止觀)을 닦았다. 차를 예찬한 〈동다송(東茶頌)〉이 유명하다. 《초의집》 2권과 〈일지암유고〉·〈선문사변만어(禪門四辨漫語)〉·〈이선내의(二禪來義)〉 등의 저술이 전한다.

朝鮮時代 僧侶 漢詩選

추사와 헤어지며

東莊奉別東老金承旨在元覃齋金承旨敬淵黃山金承旨逌根秋史金待敎正喜

3

시냇가 어구에 구름이 어울려
산마루에 아직도 해가 솟지 않았네
아아 빈 골짜기 속으로 외롭게 돌아가건만
그 누가 나를 가엽게 여기랴

澗口雲方合、　　山頂日未顯。
吁嗟虛谷中、　　孤往竟誰憐。

6

가느다란 연기가 나무 끝에서 오르고
희미한 경쇠 소리가 구름 속에 울리는데
참으로 모르겠네 구름과 나무들 속에
선의 다락이 몇 층이나 되는지

細煙生樹梢、　　微磬響雲中。
不知雲樹裏、　　禪樓信幾重。

■

* 원 제목이 길다. 〈동장에서 승지 동로 김재원·승지 담재 김경연·승지 황산 김유근·대교 추사 김정희 등과 헤어지다.〉

16
속이 빈 대나무가 무성하게 자라
육근[1)]이 이미 다 맑아졌구나
밤이 되어도 그늘이 아직 있고
바람이 없어도 그 소리 들을 수 있네

依依虛心竹、　　　六根俱已淸。
入夜陰猶合、　　　無風韻可聽。

19
동로가 글 뒤에 발문을 썼으니
눈 위에 기러기 발자국[2)]을 남기기 위해서지만
내일 아침이면 벌써 옛날이 되니
이승의 삶이 덧없음을 더더욱 깨닫겠네

東老題後跋、　　　爲識雪鴻遊。
明朝成今古、　　　殊覺此生浮。

■

1) 사람을 미혹케 하는 여섯 근원인데, 눈, 귀, 코, 혀, 몸, 뜻이다.
2) 돌아가는 기러기가 다시 돌아올 때에 목표로 삼으려고 눈 위에 자기 발자국을 남겨 놓았다. 그러나 뒷날 다시 돌아와 보니 발자국은 자취도 없이 사라져버렸다. 동로 김재원이 이 글을 읽게 될 뒷날의 독자들을 위하여 발문을 지어 붙이지만, 다 부질없다는 뜻이다.

용문사에 이르러
至龍門寺

봄이 떠난 뒤에 산은 비었고
손님이 오자 구름이 이네
가고 오는 것을 간섭하지 않아
끝내 사람들에게 알려지지 않네

山空春去後、　雲起客來時。
不干去來者、　終不爲人知。

오언절구
五言絶句

손님이 오자 저녁 연기도 모여들고
들절에서는 종소리 그쳤네
맑고 시원한 밤에 걸상에 나란히 앉아
소나무 위의 달을 같이 바라보네

客來暝煙集、　野寺鍾聲歇。
併榻淸凉夜、　同看松上月。

정양도인 신태희의 시에 받들어 화답하다
— 이때 그가 해남 현감으로 있었다.

奉和晶陽道人申泰熙 五首

1

팽택 현령 벼슬도 버렸으니[1] 그 밝음이 부러워라
인끈 던지고 돌아왔다고 누가 얼굴 붉혔던가
일이 없으니 언제나 동산의 달을 맞이하고
늘 한가하니 북창 바람에 높직이 누웠네
참마음을 바로 쓰니 시가 언제나 좋고
지극한 즐거움만 구하니 술잔이 비지 않았네
그대 또한 어느 때라야 학창의[2]를 헤치고
초막 속에 앉아서 맑은 거문고 타려나

休官彭澤羨明通。　　投紱歸誰面發紅。
無事每邀東嶺月、　　長閒高臥北窓風。
眞情直寫詩常好、　　至樂惟須酒不空。
公亦何時披鶴氅、　　淸琴坐撫草廬中。

■

1) 도잠(陶潛 365-427)이 팽택 현령을 팔십여 일 하다가, 오만한 독우(督郵)에게 허리 굽히기 싫다고 벼슬을 버리고 고향으로 돌아왔다. 《진서(晉書)》 〈도잠전〉에는 그렇게 기록되었지만, 이때 그가 지은 〈귀거래사(歸去來辭)〉 서(序)에는 정씨에게 시집간 누이가 무창에서 죽었다는 부고를 듣고 벼슬을 그만두었다고 한다. 도연명이 마흔한살 때의 일이다.
2) 창의는 선비들이 평시에 입던 웃옷인데, 소매가 넓고 뒷솔기가 갈라졌다. 흰 창의에다 가로 돌아가며 검은 헝겊을 두른 옷이 학창의이다.

부록

조선시대 스님들의 한시와 선경(禪境) – 조기영

原詩題目 찾아보기

朝鮮時代

僧侶 漢詩選

조선시대 스님들의 한시와 선경(禪境)

조기영 (강원대)

1.

고려 후기에 이르러 성리학이 흥기하면서 유불 교섭의 문학사는 점차 새로운 양상을 맞이하게 되었고, 신흥 사대부들의 불교에 대한 반발 심리가 확산되더니 급기야 조선 건국과 함께 척불론이 대두되었으며, 숭유(崇儒)의 사조가 조선 초기를 지배하게 된다. 정도전은 〈불씨잡변〉에서 그 무용론을 제기하였고, 태종 이래로 숭유의 사조에 따라 불교의 종파, 승려, 토지 등이 감축되는 등 불교는 위축될 수밖에 없었다. 고려 광종 이래로 수많은 학덕을 겸비한 고승을 배출하던 승과마저 연산군 때에 이르러 폐지되고 점차 이단으로 몰리는 결과를 초래하였다.

반면에 왕실에서는 숭불의 경향이 농후하여 내불외유(內佛外儒)의 이중적인 정책을 펴기에 이르렀는데 세종 때에는 내불당을 세우고 『석보상절』, 『월인천강지곡』 등을 지었으며, 세조 때에는 간경도감을 설치하여 역경사업을 펼치기도 하였다. 신진사림의 등장과 도학정치의 제창으로 간경도감이 폐지되었다가, 문정왕후가 보우(普雨)선사를 불러들이고 승과를 설치하였으나 문정왕후가 죽자 보우선사는 제주도로 유배되었다가 피살되었다. 그 이후 불교는 도학의 그늘에서 답보를 거듭하며 유가와의 교섭을 통하여 생존의 방편을 모색해야 했다.

조선시대 스님들의 한시는 그 자체가 목적이 아니라 각오(覺悟)와 돈오(頓惡)의 방편일 뿐이다. '불립문자(不立文字)'라 하여 말 자체를 거부하는 불가의 세계에서 시라는 장르는 단지 무용한 행위일지도 모른다. 그러나 조선시대 스님들에게 있어서 시는 선정에 들고 외물을 초월하는 수선(修禪)의 상관물이 되었다. 이러한 선시는 사대부의 한시와는 색다른 독특한 시상을 보여 깊이를 추구하는 시적 사유세계를 마련하는 등 시가문학의 질량을 증대시켰다는 의의를 지닌다. 현실 규범과 형식 논리에 얽매여 언지(言志)와 입신의 방편이 되었던 사대부의 시와는 자못 다른 자유자재한 면이 있었다. 그리하여 스님의 시는 선에서 보면 선의 시적 수용이요, 시에서 보면 선의 시적 함축이 되었다.

2.

대상과 자아에 대한 정확한 이해야말로 선정의 요체라고 할 수 있다. 마음의 산란과 집착으로 인하여 대상의 본질 및 정수를 파악하지 못하는 정신 상태를 정려(靜慮)·명상(暝想)·내관(內觀)·수련(修鍊)의 사유수(思惟修)를 통하여 통어하는 것을 바로 '선(禪)'이라고 한다. 일찍이 백낙천은 "근심하고 기뻐하는 감정을 잊어버리는 것이 바로 선(憂喜情忘便是禪)"이라 정의하였고, 자수(子秀)선사는 "인간의 정위(情謂)를 벗어나 집착하지 않도록 증득하게 하는 것이 선(禪者 以脫人之情謂令證不着)"이라고 하여 삼학(三學)의 계(戒)·정(定)·혜(慧)를 닦았다. 선정은 잊고(忘), 벗고(脫), 끊고(斷), 벗어나는(超) 수행에서 출발하여 심전(心田)의 안정을 찾고 본성의 실체를 깨닫게 하는 정신 활동이다.

그리하여 선정은 대상과 자아의 존재성을 확인하고 만유의 생명력을 증득하며 조화로운 세계로 향진하는 동력이 되는 것이다. 일찍이 달마대사가 그 종지로서 직지인심(直指人心), 견성성불(見性成佛), 교외별전(教外別傳), 불립문자(不立文字)를 제시한 것도 이러한 의미를 함축하고 있다.

선시는 바로 깨달음(覺悟)의 심지(心地)에서 표현되고 전달되는 '교외별전'에 해당한다. 중국의 오가(嗚可)나 공상 등은 "시를 배우는 것이 온통 참선을 배우는 것과 같다(學詩渾似學參禪)" 하였고, 원호문(元好問)은 "시란 선객(禪客)이 꽃을 더하는 비단이요, 선이란 시인이 옥을 다듬는 칼(詩爲禪客添花錦 禪是詩家切玉刀)"이라 하였으며, 왕사정(王士禎)은 선이란 오경(悟境)에 있고 시는 화경(化境)에 있다면서 그 동질성을 언급한 바 있듯이 선시는 바로 외물(外物)인 대경(對境)에 대하여 정려·명상·내관·수련의 사유수를 거쳐서 현달되는 게송이다. 따라서 대경에 대한 시인의 인식 작용은 직관적인 선관(禪觀), 곧 좌선관법(坐禪觀法)을 수반하게 된다. 좌선의 정관(靜觀)으로 외물을 조사(照射)하여 본질을 참구(參究)하면서도 대상에 마음을 두지 않고, 마음의 청정과 진리의 융회에 그 목적이 있기 때문에 초월적인 태도를 보이게 된다.

이러한 선시는 그 내용에 따라 선기시(禪機詩), 선화시(禪話詩), 선미시(禪味詩), 선취시(禪趣詩)로 나뉘어진다. 선기시는 선정출기(禪定出機), 선화시는 선정강화(禪定講話), 선미시는 선정미도(禪定味到), 선취시는 선정취향(禪定趣向)의 의미를 지닌다.

3.

조선 초기의 선승 함허당 기화는 고려 우왕 2년(1376) 충북 충주에서 태어났다. 어려서 경전과 역사책을 읽었고, 21세 때 세상의 무상함을 느껴 출가한 뒤 경기도 관악산 남쪽 의상암에 들어가 수도하였다. 조선 태조 6년(1397) 경기도 양주의 회암사로 가서 무학대사에게 법요를 듣고 여러 산사를 두루 다니다가 다시 회암사에 이르러 정진하더니 득도하였다. "가고 가다가 홀연히 머리를 돌리니 산의 골격이 구름 속에 우뚝하여라(行行忽廻首 山骨立雲中)"라고 하였듯이 함허선사는 청허(淸虛)한 선기(禪機)를 노래하였다. 어느날 뒷간에 다녀와서 세통(洗桶)을 내려놓고는 "오직 이 한가지 일만 진실이고, 나머지 둘은 곧 참이 아니로다(惟此一事實 餘二則非眞)"라고 중얼거리며 이는 부질없는 말이 아니라고 했다는 일화는 참선의 정수를 일러주는 화두가 아닐 수 없다. 조선 초기의 배불론에 맞서서 〈현정론〉을 저술하여 불교 이해의 장을 마련하기도 하였다.

벽송당 지엄은 세조 8년(1464)에 태어났으며 속성은 송씨이다. 성종 22년(1491)에 함경도 변방에서 변란이 일어나자 허종(許琮)을 따라 종군하여 전공을 세웠으나 곧 계룡산으로 들어가 조징(祖澄)대사에게 나아가 머리를 깎았다. 지행이 뛰어나고 선정에 몰입하더니 더 높은 선풍에 들고자 하여 먼저 연희(衍熙)대사에게 나아가 원돈(圓頓)의 교의를 묻고, 다시 정심(正心)선사를 찾아가 서래(西來)의 뜻을 참구하여 현묘한 종지를 깨우쳤다. 벽송선사는 "섬돌에 내리는 비에 꽃은 웃고 난간 밖에 바람 불어 소나무 울리네(花笑階前雨 松鳴檻外風)"라고 하였듯이 원융한 선리(禪理)를 노래하여 회통(會通)의 방편으로 삼았다.

허응당 보우는 16세이던 중종 25년(1530)에 금강산 마하연암에 들어가 참선하고 경학을 연구하였다. 중종 33년(1538) 관리들의 불교 탄압이 있어 사찰을 불태우고 주지들을 잡아가자 다시 금강산에 들어가 정진하였다. 명종 3년(1548) 강원감사 정만종의 천거로 문정왕후의 신임을 얻고 봉은사 주지가 되었으며, 명종 5년에는 문정왕후의 도움으로 선교(禪教) 양종을 부활시켜 봉은사를 선종, 봉선사를 교종의 으뜸 사찰로 정하였다. 명종 6년에는 선종판사가 되어 윤원형, 상진 등의 도움을 받아 3백여 사찰을 국가 공인 정찰(淨刹)로 정하였으며, 도첩제를 실시하고 승과를 설치하는 등 불교 중흥에 많이 노력하였다. "고상하고 한가함이 나의 본래 뜻이요, 갈 길을 잊고서 시를 읊조리네(高閑吳本意 吟賞自忘歸)"라고 했듯이 선심(禪心)과 시사(詩思)의 동질성을 구현하고자 하였다.

서산대사 휴정은 조선시대 큰 스님의 한 분으로서 명종 15년(1520)에 태어나 선조 37년(1604)에 입적하였다. 보우선사의 뒤를 이어 불교 중흥에 노력하였고, 임진왜란 때에는 73세의 고령으로 전국의 승병을 지휘하여 큰 공적을 세웠다. 『선가귀감』을 통하여 불교를 공부하는 사람들이 세속 선비의 글이나 벼슬아치의 시를 익혀 수식만 일삼는 폐단을 시정해야 한다며 선시의 독자성을 주창하였다. "바라보니 가을빛 아득하고 너른 바다 술잔보다 작도다(望中秋色遠 滄海小於杯)"라고 하였듯이 확연(廓然)한 선취(禪趣)를 시에 담아 노래하였다.

정관대사 일선은 중종 28년(1533) 울산에서 태어났다. 서산대사에게 심법을 받고 편양당 언기, 소요당 태능과 함께 3파를 이루었다. 승병으로 활약하였으며, 서산대사의 문하 중에서 특히 주목할 시승으로서 수준 높은 비유와 상징을 통하여 선시의 예술성을 구가하였다. "속세 밖으로 벗어나 노닐다 보니 자유로이 아침 저녁 보내는구나(優遊超物外 自在度朝昏)"라고 하였듯이 정정(靜淨)한 심사를 가꾸며 물외(物外)의 선경(禪境)을 노래하였다.

사명당 유정은 중종 39년(1544) 밀양에서 태어났다. 13세 때 황여헌의 문하에서 공부하다가 황학산 직지사의 신묵대사의 수계를 받고 불학에 정진하였다. 명종 16년(1561) 승과에 합격한 뒤 박순, 이산해, 고경명, 최경창, 허균, 임제, 이달, 노수신 등과 교유하였으며, 선조 6년(1573) 이후 직지사 주지가 되고 선조 8년 봉은사 주지가 되었으나 사양하고 묘향산에 들어가 서산대사의 문하에서 불법을 들었다. 선조 22년(1589) 오대산 영감난야에 머물고 있을 당시 정여립의 모반 사건에 연루되어 강릉부에 구금되었다가 풀려났으며, 임진왜란 때에는 전투에 참여하여 공을 세우기도 하였다. 적멸한 선정세계를 노래하고 경험을 진솔하게 표현하며 사실적인 시풍을 이루어 조선 후기 선시문학의 전환을 마련했다는 평을 듣고 있다.

중관대사 해안은 속성이 오씨이고 무안 사람으로 어려서부터 총명하고 지혜가 있어 신동이라 불리었으며, 입산 수도하여 오묘한 선지(禪旨)를 깨우쳐 임제의 정맥과 태고의 청풍을 다시 혼탁한 세상에 떨쳤다. 서산대사의 문하로서 처음에는 뇌묵대사에게 나아가 득도하였다. "천만 리의 긴 강은 절로 있는 것이니 물고기와 나의 상을 잊고 의심 말아야 하리라(自有長江千萬里 相忘魚我莫相疑)"라고 하였듯이 평이한 시어를 통하여 고고(高古)한 선취를 노래하였다.

소요당 태능은 속성이 오씨인데 담양 사람으로 명종 17년

(1562)에 태어났다. 부휴대사에게 나아가 오묘한 선지를 얻었으며, 서산대사를 찾아가 불법을 들었다. 명나라 이여송이 왜적을 물리치고 돌아가다가 해인사에 들려 대사의 단아한 모습을 보고 감탄하기도 하였다. 병자년에 남한산성의 역사가 있자 왕명을 받들어 성을 축조하였으니 임금께 충성하고 나라를 염려하는 마음은 서산대사나 사명대사와 다름이 없었다. "계수나무 그늘 아래 반쯤 닫힌 문으로 푸른 구름 사이에서 지팡이 하나가 찾아왔도다(丹桂陰中門半掩, 一笻來自碧雲間.)"라고 하였듯이 담박하고 화해(和諧)한 시심을 표출하였으며 진여의 선미(禪味)를 노래하였다.

편양당 언기는 선조 14년(1581)에 태어났다. 속성은 장씨이고 경기도 안성 사람이다. 선조 24년(1591)에 출가하여 현빈대사를 따랐다가 서산대사의 문하에 들었다. 뒤에 남부지방을 두루 다니며 선에 밝은 장로들을 찾아다니면서 학식을 넓히고 금강산의 천덕사, 구룡산의 대승사, 묘향산의 천수암 등에서 법당을 열어 선과 교를 강의하였다. 그리하여 그의 문하는 매우 번창하여 서산대사의 법맥 4대파 가운데 가장 많은 학인을 배출하였다. 승속의 구별없는 교류를 이루어 청명한 시정을 나누었으며, "산 가득한 솔과 회나무 바람에 거문고소리를 내네(滿山松檜起風琴)"라고 하였듯이 생생하고 여여(如如)한 선화(禪話)를 자연 속에서 섭취하였다.

취미대사 수초는 선조 23년(1590) 서울에서 태어났으며, 성삼문의 방손이기도 하다. 어려서 제월대사에게 나아가 수계한 뒤 선조 39년(1606) 두류산의 부휴선사를 만나 득도하였다. 당시의 많은 사대부들과 교유하여 이안눌, 이식, 김육, 임유후 등과 두터운 정의를 나누었다. 승속을 따지지 않고 담백한 교정을 나누었던 취미대사는 "산이 나를 불러 머물게 하지 않았고, 나도 또한 산을 알지 못한다네(山非招我住我亦不知山)"라고 하였듯이 시에서도 꾸밈없고 청상(淸爽)하며 단아한 의경을 이루어 고상한 선정의 묘미를 담뿍 담았다.

월저대사 도안은 사대부 유보인의 아들로서 인조 16년(1638)에 태어났다. 천신대사에게 구족계를 받고, 풍담대사의 문하에 들어 20년간 수학하였다. 특히『화엄경』을 중시하여 화엄법회를 열고 원교(圓敎)의 진수를 설법하니 배우고자 하는 무리가 많았으며,『화엄경』,『법화경』등 대승경전을 간행하여 유포하는 등 조선 중기 이후 손꼽히는 화엄대종사가 되었다. 조선시대 스님들이 속세의 사대부들이나 속인들과 교류하면서 거의 시로써 수답하였는데 월저대사의 경우 일상적인 평범한 시어를 통하여 자신의 선취를 전달하고자 한 면이 두드러진다. "바람이 오면 구름도 따라오고, 바람이 가면 구름도 따라가네(風來雲逐來 風去雲隨去)"라고 하였듯이 평이한 가운데 진여의 묘법을 설하는 선기(禪機)를 발휘하였다.

설암선사 추붕은 평안남도 강동 사람으로 효종 2년(1651)에 태어났다. 현종 1년(1660) 원주 법흥사에서 종안대사에게 득도하여 벽계대사에게 나아가 불법을 배웠으며, 묘향산 보현사의 월저대사에게 10여 년간 공부하여 법통을 이었다. 선교 양종에 능통하고 시문에 뛰어나 선을 함축시킨 완전한 선취시(禪趣詩)의 일가를 이루었다고 평가받고 있다. "저녁 무렵 사립문 열자 저녁 노을이 꽃보다 붉어라(紫扉向夕開 落照紅於花)"라고 하였듯이 청정(淸淨)한 선화(禪話)를 시 속에 함축시킨 면이 돋보인다고 할 수 있다. 반면에 "외로움을 참지 못하고 그리워 눈물 흘리는데 가을 기운은 왜 이다지도 옷 속으로 스며드나(孤懷難制相思淚 秋氣如何故襲衣)"라고 하여 진솔한 인간미를 여실히 노래한 작품도 있다. 이는 스님들의 초월적 선정세계와는 거리가 있는 속세의 정한(情恨)이 아닐 수 없는데, 이러한 내용을 담은 작품도 선시로 처리해야 할지 생각해볼 여지가 있다.

原詩題目 찾아보기

옮긴이 **허경진**은 연세대학교 국어국문학과를 졸업하고,
같은 대학원에서 문학박사 학위를 받았다. 목원대학교 국어교육과 교수와
열상고전연구회 회장을 거쳐, 연세대학교 국문과 교수를 역임했다.
《한국의 한시》 총서 외 주요저서로는《조선위항문학사》,《허균 평전》,
《허균 시 연구》,《대전지역 누정문학연구》,《성호학파의 좌장 소남 윤동규》,
《한국 고전문학에 나타난 기독교의 편린들》 등이 있고,
옮긴 책으로는《연암 박지원 소설집》,《매천야록》,《서유견문》,《삼국유사》,
《택리지》,《허난설헌 시집》,《주해 천자문》,《정일당 강지덕 시집》,
《허난설헌전집》 등 다수가 있다.

韓國의 漢詩 40

朝鮮時代 僧侶 漢詩選

초　　판 1쇄 발행일 1997년 5월 10일
개 정 판 1쇄 발행일 2025년 12월 26일

옮 긴 이　허경진
만 든 이　이정옥
만 든 곳　평민사
서울시 은평구 수색로 340 〈202호〉
전화 : 02) 375-8571
팩스 : 02) 375-8573
http://blog.naver.com/pyung1976
이메일　pyung1976@naver.com
등록번호　25100-2015-000102호
ISBN　978-89-7115-898-2　04810
978-89-7115-476-2　(set)
정　가　15,000원